Werner Poscharnigg:

SPANISCHE HOFREITSCHULE: SPANNUNG, MACHTSPIELE, INTRIGEN.

Die Ära 2000 bis 2025.

EDITION WERNER POSCHARNIGG

ISBN: 9798298602853

Imprint: Independently published

by

Ernst Bachinger:

„Zum Reiten muss der Kopf frei sein – und das ist er zur Zeit nicht.
Darunter leiden wir alle.“

INHALTSVERZEICHNIS:

Spanische Hofreitschule Wien, Heldenplatz 2015. Foto: © Werner Poscharnigg.

Spannung, Machtspiele, Intrigen, Postenschacher, Hinausschmisse, Selbstmord, Horror-Defizite, Freunderlwirtschaft, Strafanzeige; Lahmheiten, Nervenschnitte, Rollkur, Überlastung der Hengste, Rückgang künstlerischer Qualität…

Alles Zutaten für einen aufregenden Krimi. Und doch nur irritierende Schlaglichter aus 25 Jahren einer Reitschule. Nicht irgendeiner Reitschule. Sondern der verehrungswürdigen, historischen Spanischen Hofreitschule Wien, Hort edler, wahrer Reitkunst, Vorbild für die Welt. Nun in den aussaugenden Tentakeln unwissender Politik.

Begeben wir uns auf einen abenteuerlichen Ritt durch diese bewegten Zeiten. Wir werden starke Nerven brauchen. Vielleicht aber führt uns der Weg ins neue Millennium zu einem Ort, an dem wir von weitem Licht sehen können. Wer weiß.

Dieses Buch dient – übrigens – nicht dazu, unsere Spanische Hofreitschule oder irgendwelche Akteure schlechtzumachen. Es ist vielmehr möglichst objektive, ausgewogene Aufarbeitung, Bestandaufnahme und Zusammenfassung der Ereignisse eines Vierteljahrhunderts unter neuem Regime. Akribisch dokumentiert. Wer mag, kann daraus Lehren ziehen. Die Ausstattung mit reichem Fotomaterial soll positive Momente der Epoche dokumentieren.

Ich liebe die Spanische Hofreitschule und bin seit Jahrzehnten mit hervorragenden Persönlichkeiten in ihr verbunden. Mein Werk „Meilensteine österreichischer Reitkunst", in vier Weltsprachen erschienen, dokumentiert unsere Pferdekultur seit rund 500 Jahren.

Dr. Werner Poscharnigg,

Sept. 2025

Schönster Reitsaal der Welt: Winterreitschule der Hofburg Wien. Foto: Pixabay.

DER GOLDSTANDARD VON 1993

All die Grausigkeiten und Katastrophen des 20. Jahrhunderts hatte die Wiener Spanische Reitschule (SRS) gestärkt hinter sich gelassen. Und man erwartete beim Ritt ins neue Millennium daher keine nennenswerten Schwierigkeiten.

Den Untergang der Donaumonarchie 1918 überlebte sie knapp. Mauritius Herold und dann Rudolf van der Straten führten die Reitschule durch die Hunger- und Bürgerkriegsjahre der Zwischenkriegszeit bis 1938. Alois Podhajsky manövrierte das Kulturjuwel durch die Hitlerei, den Zweiten Weltkrieg (1939-45), die alliierten Bombenangriffe, vorbei an der russischen Soldateska, durch das Exil, bis zur Rückkehr nach Wien.

Am 26. Oktober 1955 fand in der historischen Winterreitschule eine Festvorführung zum Nationalfeiertag statt, um die immerwährende Neutralität Österreichs zu zelebrieren. Die Spanische Reitschule wurde nun zum Symbol der wiedererstandenen, unabhängigen Republik Österreich. Sie *war* Österreich. Gewissermaßen. Das Land entwickelte sich durch Fleiß und Können seiner Bevölkerung zu einem Gemeinwesen, das betreffend Wohlstand und politisch-kulturelle Harmonie den Vergleich mit keinem anderen Staat auf diesem Planeten zu scheuen brauchte.

Nach 1964 leiteten Hans Handler, Kurt Albrecht und dann Jaromir Oulehla die Institution tadellos bis zum Jahr 2000. Auf den Auslandstourneen der Reitschule fungierten deren Reiter erfolgreich als Corps Diplomatique der Republik. Dementsprechend entwickelte sich die einst kärgliche Besoldung zu angemessenem Salär, was alsbald Neider auf den Plan rief.

Die Wiener Spanische Reitschule galt weltweit unangefochten als Vorbild und Inbegriff bester klassischer Reitkunst. Sie war international die Nummer 1 in diesem Metier. Wenn über die Schule gesprochen oder geschrieben wurde, dann immer in höchsten Tönen.

Solche Exzellenz manifestierte sich in einem großartigen, denkwürdigen Gesamtkunstwerk zusammen mit überragender Bildregie und Kameraführung des Österreichischen Rundfunks gemäß Idee und Konzeption von Loek Huisman, mit dem souveränen Sprecher Michael Heltau und stimmungsvoller, edler Musik eines Bläser-Ensembles der Wiener Symphoniker. Am 14. Mai 1993 eröffnete die Spanische Reitschule die Wiener Festwochen am Rathausplatz der Stadt. Welch eine Kulisse! Welche Abendstimmung über der Stadt der Künste!

Was sich damals ereignete, wird seither als
GOLDSTANDARD DER SPANISCHEN HOFREITSCHULE
bezeichnet.

Besseres als diese Weihestunde bot die Reitschule weder vorher noch nachher. Reiter dieser Welt: Wer sich messen kann, der trete vor! Wer kann diese elegante, mühelos und selbstverständlich wirkende Präzision überbieten? Wer von den Heutigen kann sie erreichen? Die Aufnahmen aus der Vogelperspektive wirken in ihrer reiterlichen Genauigkeit nahezu wie eine KI-generierte Animation. Wir alle, die damals dieses herrliche Schauspiel miterleben durften, fühlten in unseren Herzen, dass wir einem Höhepunkt der Reitkunst beiwohnten. Es war zum Weinen schön. Gänsehaut. Ehrfurcht.

Nach der ERÖFFNUNG mit dem Aufmarsch folgten in absolut bester Qualität die traditionellen Programmpunkte:

PAS DE DEUX:

- Siglavy Plutona & Oberbereiter Arthur Kottas-Heldeberg
- Siglavy Europa II & Oberbereiter Johann Riegler

ARBEIT AN DER HAND:

- Favory Europa & Erster Oberbereiter Norbert Tschautscher
- Pluto Troja II & Oberbereiter Kottas
- Pluto Troja I & Oberbereiter Klaus Krzisch
- Siglavy Europa I & Oberbereiter Riegler
- Favory Romana & Bereiter Ernst Hoyos
- Neapolitano Nima I & Bereiter Andreas Harrer

AM LANGEN ZÜGEL:

- Conversano Roviga & Erster Oberbereiter Tschautscher

SCHULEN ÜBER DER ERDE:

- Siglavy Britanica & Oberbereiter Kottas
- Neapolitano Troja & Oberbereiter Krzisch
- Neapolitano Nima I & Bereiter Harrer
- Pluto Troja I & Bereiter Herwig Radnetter
- Neapolitano Kitty II & Bereiter Christian Bachinger

ALLE GÄNGE & TOUREN DER HOHEN SCHULE:

- Siglavy Mantua I & Oberbereiter Krzisch

SCHULQUADRILLE:

- Favory Alea I & Oberbereiter Kottas
- Siglavy Verona & Oberbereiter Riegler
- Maestoso Stella & Bereiter Steinriegler

- Siglavy Galanta & Bereiter Hoyos
- Conversano Sola & Bereiter Wolfgang Eder
- Conversano Mantua & Bereiter Radnetter
- Conversano Nima & Bereiter Christian Bachinger
- Conversano Isabella & Bereiter Andreas Hausberger

Übrigens: Von den hier genannten 12 großartigen Reitern wurden vom Management im neuen Millennium die besten fünf Mann gefeuert, zusätzlich verließ einer die Schule freiwillig, weil ihm der neue Führungsstil nicht behagte; einer trat überdies vorzeitig die Pension an.

Im Jahr 2025 ist von dieser herrlichen Equipe nur noch Bereiter Christian Bachinger aktiv im Dienst der SRS. Seine richtungsweisende Aussage auf Facebook über die Goldstandard-Gala von 1993:

„Da müssen wir wieder hin.“

Links zu Videos der einzelnen Programmpunkte findet man in den Endnoten. Sehenswert![1]

Aufgrund solcher überragender künstlerischer Leistungen wie auf dem Rathausplatz 1993 schien die Spanische Reitschule in ihrer Existenz absolut gewürdigt und gesichert und in ruhigem Tempo trabend. Doch es sollte anders kommen.

Logo der Spanischen Hofreitschule – Lipizzanergestüt Piber.
Foto: Jebulon, Wikimedia Commons.

Spanische Hofreitschule Wien, Heldenplatz 2015, Quadrille, Schulter herein.
Fotos: © Werner Poscharnigg.

NEW ECONOMY & AUSGLIEDERUNG

„Die Jahre 1997 bis 2000 werden als die Boomphase der `New Economy‘ in die Wirtschaftsgeschichte eingehen. Milliarden…wurden in dieses Phänomen investiert. Ein wahrer `Hype`, ein Rausch, entstand.“[2] Diese Intoxikation ging auch an Österreich nicht vorüber. Aalglatte Burschen in engen Maßanzügen spiegelten mit Hilfe von angefütterten Medien vor, dass sie mit ihrer ökonomischen Ideologie die Staatsfinanzen sanieren könnten, welche sich durch fahrlässige Ausgabenpolitik der Regierungen angchäuft hatten.

Einer dieser Wunderknaben hieß Karl-Heinz Grasser, von 2000 bis 2007 österreichischer Finanzminister, nach einem mehrjährigen Prozess dann wegen Untreue, illegaler Geschenkannahme und Beweismittelfälschung zu vier Jahren Haft rechtskräftig verurteilt. Die Budgetsanierung dieser Ära erfolgte hauptsächlich durch den Verkauf des staatlichen Familiensilbers, das heißt, wertvoller Betriebe und Immobilien, welche zum Schnäppchenpreis an nette Leute abgegeben wurden.

Also: Warum nicht auch dieses verlockende Rezept auf die Spanische Reitschule anwenden?

„Ziel ist es, dass die Institution, die jährliche Tourismuseinnahmen von 300 bis 500 Millionen Schilling bringt, ohne staatliche Zuschüsse auskommt. Diese Zuschüsse lagen in der Vergangenheit bei rund 30 Millionen Schilling, also bei weniger als zehn Prozent der bewirkten Einnahmen.“[3] (30 Mio. Schilling sind ca. 2,2 Mio. Euro.)

„Ausgliederung“ hieß das Zauberwort der Zeit. „Bei einer Ausgliederung überträgt der Bund eine Aufgabe, die er bisher selbst erfüllt hat, auf…eine neu geschaffene juristische Person…Die Aufgabenerfüllung unterliegt privatwirtschaftlichen Strukturen und Managementpraktiken bei gleichzeitiger Bindung an den Bund.“[4] Was bedeutet: Funktionieren diese Praktiken nicht, begleicht der Steuerzahler das Versagen. Somit handelt es sich klarerweise nicht um Privatwirtschaft, wo der Unternehmer für sein Handeln meist haftet. Die wohligen Träume des österreichischen Finanzministeriums lauteten weiter: „Die Hauptziele von Ausgliederungen sind insbesondere…Schaffung von Kostentransparenz, Entlastung des Bundeshaushaltes, Mobilisierung von gebundenem Bundesvermögen.“[5]

Dass dem absolut nicht so war und ist, beweist die Ausgliederung der Spanischen Reitschule. (Seit 2005 „Spanische Hofreitschule“ genannt, um sie marketinggerecht ein bisschen sexier erscheinen zu lassen. Schließlich wurde sie ohnehin stets „Hofreitschule“ genannt.)

KENNDATEN DER AUSGEGLIEDERTEN SPANISCHEN HOFREITSCHULE UND DES BUNDESGESTÜTS PIBER:

- „Rechtsgrundlage Spanische Hofreitschule–Gesetz, BGBl. I Nr. 115/2000…
- Rechtsform: Gesellschaft öffentlichen Rechts (seit 1. Jänner 2001)
  Eigentümer: 100 % Republik Österreich (Bund)
- Organe: Geschäftsführung, Aufsichtsrat und Generalversammlung
  Aufgaben:
- Dauerhafte Erhaltung und traditionsgemäße Zucht der Pferderasse Lipizzaner, Zucht und Bereitstellung bestgeeigneter Hengste für die Spanische Hofreitschule
- Ausübung und Bewahrung der klassischen Reitkunst („Hohe Schule“) sowie der historischen Tradition der Spanischen Hofreitschule
- Führung der Spanischen Hofreitschule sowie des Bundesgestüts Piber
- Führung eines internationalen Registers für reinrassige Lipizzaner
- Führung einer Chronik über die Geschichte der Lipizzaner
- Wahrnehmung von Repräsentationsaufgaben für den Bund gegen Entgelt
- Vertretung der die Gesellschaft betreffenden Angelegenheiten in nationalen und internationalen Organisationen.“[6]

Interessanterweise waren „die Abgänge im Jahr 2000 im Verhältnis zu den vorangegangenen Jahren – just im Jahr der Ausgliederung – unverhältnismäßig gestiegen“.[7] Ein Schelm, wer Böses dabei denkt…

Zum Zeitpunkt der Ausgliederung am 1.1.2001 betrug das Defizit der Reitschule inklusive Gestüt Piber 2,2 Millionen Euro.[8] Bereits 2006 war „laut Rechnungshofbericht ein akkumulierter Bilanzverlust von 18,44 Mio. Euro zu verbuchen“.[9] Es trat also - massiv erkennbar - das Gegenteil der „Entlastung des Bundeshaushalts“ ein.

Die erstrebte „Mobilisierung von gebundenem Bundesvermögen“ gestaltete sich so: Das Unternehmen bekam eine „Mitgift von rund 24,96 Mio. Euro (nur zum Teil als Barmittel, zum guten Teil als Liegenschaften, deren Buchwert allerdings im Jahr 2005 abgewertet werden musste, was zu einer Erhöhung des Jahresfehlbetrages führte)“.[10] Die Abwertung dieser Liegenschaften erfolgte interessanterweise just *vor* deren Verkauf. „Die Gesamtfläche der verkauften Flächen beläuft sich auf rd. 941 ha. Die Veräußerung wurde notwendig, da die liquiden Mittel der Gesellschaft zur Neige gingen.“[11] Wer diese solcherart billiger gewordenen Grundstücke, das Familiensilber der Spanischen Hofreitschule, zu welchem hübschen Preis erwarb, wurde nie offengelegt, schließlich geht es um Datenschutz und Persönlichkeitsrechte… Es steht zu vermuten, dass der ungenannte Käufer nun von diesen Grundstücken wirtschaftlichen Ertrag lukriert, den eigentlich die Reitschule für sich hätte haben sollen. Soweit auch die „Schaffung von Kostentransparenz.“

Soweit auch ein bisschen Vorgeschmack der folgenschweren Ausgliederung unserer Spanischen Reitschule im Jahr 2001.

EINSCHLEICHDIEB & KRÖNUNGSMANTEL

Denn in solchem scheinprivatisierten Unternehmen können Glücksritter, Schaumschläger, Günstlinge der Mächtigen sich unbeschwert und folgenlos austoben. Vor uns haben wir so etwas wie einen spannenden Krimi durch 25 Jahre, in dem es um Macht, Geld, Ansehen Repräsentation, Sich-Schmücken mit den Kronjuwelen der Republik geht; um das Lustgefühl, sich jederzeit dieser Juwelen bedienen zu können. Es ist, als würde sich ein Einschleichdieb den Krönungsmantel umhängen und sich wohlgefällig im Spiegel betrachten.

„Die Definition von Wahnsinn ist: Immer wieder das Gleiche zu tun und andere Ergebnisse zu erwarten", lautet ein bekanntes Bonmot, welches die Politik mit der Spanischen Hofreitschule durch nun bereits 25 Jahre erfolgreich bestätigen und realisieren konnte. „Ist dies schon Wahnsinn, so hat es doch Methode", kann man mit Shakespeare dazu sagen.

Das Schema blieb seit 2001 gleich: Die ausgegliederte Hofreitschule inklusive Gestüt Piber muss sich selbst erhalten. Soweit das Dogma. Dafür werden sogenannte „Top-Manager" nach „absolut objektiven" Auswahlverfahren gekürt. Jeder und jede von ihnen scheiterte bisher grandios. Während ihres „höchst professionellen, kompetenten" Wirkens türmte sich das Defizit, welches sie hätten beseitigen sollen, zu ungeahnten Höhen auf, was immer auch sie mit ihren tollen Ideen und angeblichen Fähigkeiten herumexperimentierten. Die angefütterten Staatsmedien präsentierten jede(n) von ihnen als Heilsbringer, welcher mit wirtschaftlicher Bravour den verfahrenen Karren aus dem Schlamm ziehen würde.

Die Burschen, welche das Ausgliederungs-Konstrukt ideologiegetrieben zusammengeschustert hatten, werkten in völliger Unkenntnis der historischen Realitäten: Die Spanische Reitschule und das Lipizzanergestüt waren stets ein kaiserliches Hobby und wurden aus der Privatschatulle des Monarchen gesponsert. Die Republik Österreich als Rechtsnachfolgerin hielt das ähnlich und beglich die offenen Rechnungen der herrlichen Institutionen. Schließlich sind sie ein kraftvoller Tourismusmagnet und spülen per Umwegrentabilität gutes Steuergeld in die dürstenden Staatskassen. Ein bedeutender volkswirtschaftlicher Effekt. Ein Extra-Zuckerl dieses Ausgliederungsgesetzes gebietet übrigens der Hofreitschule, dass sie die Erhaltung der denkmalgeschützten Gebäude, in denen sie wirkt, zu finanzieren hat. Ja, mit welchem Geld denn? Was dachten sich diese Leute beim Zusammenschreiben dieses Gesetzes eigentlich?

...VOM GLÜCK EIN STIEFKIND...

Die Spanische Reitschule wurde 1920 vom Landwirtschaftsministerium übernommen. Aus heutiger Sicht müssen wir dazu sagen: Leider. Denn blickt man auf die vom Kunstministerium alimentierte Wiener Staatsoper, so kostete diese in der Saison 2023/24 die Republik satte 145 Millionen Euro, davon sind 79 Millionen Euro die solide Basis-Subvention.[12]

Von solchen Summen kann die Hofreitschule als Stiefkind des Landwirtschaftsministeriums nur träumen: „Die Spanische Hofreitschule hatte bereits seit der Ausgliederung im Jahr 2001 – und damit lange vor der COVID–19–Pandemie – mit finanziellen Problemen zu kämpfen. Im Jahr 2014 war sie sogar in ihrem wirtschaftlichen Bestand gefährdet, weil ihr aufgrund der

Bereiter Rudolf Rostek: Pesade. Bereiter Philipp Burg: Levade. 2015. Fotos: © Poscharnigg.

fehlenden liquiden Mittel die Zahlungsunfähigkeit drohte und auch eine Finanzierung durch Geschäftsbanken ohne Garantie des Bundes nicht mehr möglich war. Es folgte eine monatelange Auseinandersetzung um die Finanzierung zwischen dem Landwirtschaftsministerium und der Spanischen Hofreitschule. Schließlich gab es die Zusage eines jährlichen finanziellen Zuschusses für die hohen Zuchtaufwendungen von bis zu 1 Mio. EUR. Damit war jedoch für die Spanische Hofreitschule zur Erfüllung ihrer Aufgaben keine mittelfristige Planungssicherheit gewährleistet, weil sich die Zusage immer nur auf ein Jahr bezog“.[13]

„In den Jahren 2014 bis 2019 erhielt die Spanische Hofreitschule in Summe 8,49 Mio. EUR“.[14] Eine äußerst knausrige, vielleicht sogar schäbige Fütterung der edlen Lipizzaner und ihrer Reiter durch das Landwirtschaftsministerium, wenn man sie mit der opulenten Remuneration des Kunstministeriums für die Staatsoper vergleicht. Was man als Entlastung all der krachend gescheiterten Geschäftsführungen dieses Vierteljahrhunderts sehen kann.

Warum haben dann die sogenannten GeschäftsführerInnen der Hofreitschule nicht aufbegehrt, um das Kulturjuwel zu beschützen? Warum haben die Lipizzaner mit ihren Bereitern nicht medienwirksam eindrucksvolle Demonstrationen auf der Wiener Ringstraße veranstaltet? Weil diese sogenannten GeschäftsführerInnen Geschöpfe von Gnaden des Landwirtschaftsministeriums und des davon eingesetzten sogenannten Aufsichtsrats sind. Die Hand, die einen füttert, beißt man eben nicht. Diese Leute saßen auf einem Pferd, das sie – oft als absolute Nicht-Reiter - nicht zu reiten in der Lage waren, und alles, was sie konnten, war, sich verzweifelt an den Sattel zu klammern, um nicht die Erde schmerzhaft zu küssen.

Die massive Unterfinanzierung – doch nicht nur sie allein – verführte die Geschäftsführungen zu schädlichen Eskapaden und Maßnahmen, von denen noch zu berichten sein wird.

Wenn ich bedenke, was Rösser und Reiter der Schule in diesen 25 Jahren zu bewältigen und erdulden hatten, kommt mir das Bild Albrecht Dürers „Ritter, Tod und Teufel“ in den Sinn. Ich stelle mir den Bereiter als Ritter vor, der unbeirrt und mutig mit seinem Hengst den Weg der klassischen Reitkunst geht. Umgeben von hässlich-skurril-lächerlichen bürokratischen Polit-Fratzen, welche seinen Untergang bedeuten können. Er bahnt sich seinen Weg durch übelriechende Sümpfe von Korruption und Freunderlwirtschaft.

Wir schulden Dank allen Reitern und Mitarbeitern, die versucht haben, die Spanische Hofreitschule in ihrer Qualität während dieser schweren Zeit und in Zukunft zu bewahren.

GERD PRECHTL & DIE DISNEYLAND-SRS

Die neue, „ausgegliederte" Ära der Spanischen Reitschule begann mit einer interimistischen Geschäftsführerperson, welche unter den Kennern der Sache nur ungläubig-verzweifeltes Lachen und Kopfschütteln auslöste: Der ehemalige Fernsehsprecher Gerd Prechtl sah sich überraschenderweise als Unternehmensberater und präsentierte in seiner neuen Direktoren-Rolle abenteuerliche Disney-Land-Vorschläge für die jahrhundertealte, erhabene Institution der Reitkunst: „'Erlebnisbesuche' in der Spanischen, in denen die Besucher vor der Vorstellung durch die Ställe der Pferde geschleust würden sowie die Möglichkeit für die Touristen, in Piber auch auf den Lipizzanern zu reiten, und letztlich auch den Traditionsbruch, Frauen als Bereiter einzustellen."[15]

LETZTE BASTION DES MACHISMO

„'Das hätte sich Prechtl ohne Autorisierung nie getraut, das ist sicher mit dem Ministerium und vermutlich mit dem neuen Leiter (Pohl) bereits abgesprochen, ein Test, wie es in der Öffentlichkeit ankommt. Ist die Kritik zu stark, war es halt nur die Privatmeinung des Interimchefs', meint ein Beamter, den Sturm der Entrüstung der Bereiter ahnend."[16] „Prechtl soll der Spanischen auch unter dem neuen Chef erhalten bleiben: als gut dotierter wirtschaftlicher Berater."[17] Soweit sparsames Wirtschaften unter privatem Management…

Im Jahr 2001 war die Einstellung von Frauen als Bereiter ein rein geschlechterpolitisches Thema. Es ging schlicht darum, Frauen auch in die Spanische Reitschule, eine der letzten Bastionen des Machismo, hineinzupressen. Die Bereiter allerdings lehnten das weitgehend ab, weil es den Charakter der Institution verändern würde.[18]

MÄDCHEN, BISS & EHRGEIZ

Doch es stellte sich heraus, dass die durch politischen Druck eingestellten Frauen sich gut bewährten und ihren Job tadellos machen. Und schließlich wurde aus dem Politikum eine Notwendigkeit. Oberbereiter Herbert Seiberl berichtete mir: „Es bewerben sich viel mehr Mädchen als Burschen…Wir brauchen Nachwuchs, und wenn sich keine Burschen bewerben, ist es schwierig, welche aufzunehmen…Aber es wird immer schwieriger, Burschen zu finden, die auch den Biss haben und auch das wirklich wollen, da weiterzukommen. Die Mädchen sind ihnen voraus und haben viel mehr Ehrgeiz. Die Frauen reiten nicht anders als die Männer. Es mag optisch vielleicht anders aussehen, aber die Frauen machen den gleichen Job".[19] Weshalb davon auszugehen ist, dass an der Spanischen Hofreitschule der Zukunft Männer in der Minderheit oder ausgestorben sein werden.

Bereiter Marcus Nowotny, Solo. Heldenplatz 2015. Foto: © Werner Poscharnigg.

WERNER POHL: DEFIZIT-KAPRIOLE

Werner Pohl, beamteter Tierarzt des tiefschwarzen Landwirtschaftsministeriums, erfuhr als nächster Direktor seine Inthronisierung. Diesem (im wahrsten Sinne des Wortes) bestellten Geschäftsführer wurde „intern ‘zu wenig fachliche Kompetenz‘ zugebilligt, um die Zukunft der Schule zu sichern.“[20]

Was die Puppenspieler des Polittheaters nicht kümmern sollte. Pohl, 2001 befragt zu seinen Vorhaben: „Kein Kommentar! Über seine konkreten Pläne sagt der Herr über 115 Mitarbeiter und drei Betriebsstandorte derzeit noch nichts – auch nicht, wie er in den nächsten Jahren das jährliche Defizit von rund 30 Millionen Schilling abbauen will. Befürchtungen, daß unter dem wirtschaftlichen Druck letztlich Pferde und Reitkultur leiden müßten, teilt er jedoch nicht…Wie er den schwierigen Spagat zwischen Traditions-Pflege und Betriebswirtschaft meistern will, bleibt daher vorerst sein Geheimnis: ‘Mein Auftrag ist es, ein Unternehmenskonzept vorzulegen, das vom Aufsichtsrat zu genehmigen ist.‘“[21]

RESTURLAUB ANTRETEN

Doch schon 2005 erlebte Pohls Lipizzanerkarriere einen deutlichen Knick: "Wie Zeitungsmeldungen zu entnehmen war, wurde der Vertrag des Direktors der Spanischen Hofreitschule und des Bundesgestütes Piber nicht verlängert. Da Dr. Werner Pohl gleichzeitig gebeten wurde, seinen Resturlaub anzutreten,…erläuterte der Vorsitzende des Aufsichtsrates, Sektionschef Dr. Johannes Abentung, dass es rein kaufmännische Überlegungen waren, die zu diesem Schritt geführt hätten, da das vorgegebene kaufmännische Geschäftsergebnis nicht erzielt wurde.“[22] Denn der Bilanzverlust unter Pohls Ägide steigerte sich von 2,2 Mio. Euro im Jahr 2001 kontinuierlich auf satte 17,62 Mio. Euro im Jahr 2005.[23] Ein doch mehr als beachtlicher Misserfolg.

„Durch die Einführung einer Individualzulage 2002 für die Beamten (Oberbereiter und beamtete Bereiter), die im Jahr 2004 erhöht wurde, die zeitweise Auslagerung von bis zu zehn Hengsten in den Privatstall eines Oberbereiters im westlichen Wienerwald, die insgesamt Kosten von 1,24 Mio. Euro verursachte, durch erhöhte Tourneegelder und höhere Grundgehälter bei gleichzeitigem Rückgang der Vorführungen, durch hohe Beratungskosten usw. wurde die finanzielle Lage der Gesellschaft schließlich so prekär, dass der Aufsichtsrat feststellte, dass Handlungsbedarf besteht – und die Notbremse zog.“[24]

„Pohl (im Oktober 2005 frühzeitig abgelöst) wurde trotz negativer Zahlen vom Aufsichtsrat pro Jahr eine 'Erfolgsbeteiligung' gewährt - in Höhe von bis zu zwei Monatsgehältern. Hier setzt es scharfe Kritik: Angesichts 'des erheblichen negativen Abweichens der Ergebnisse von den Planwerten' sei dies 'nicht nachvollziehbar'".[25] Meinte der Rechnungshof. Konsequenzen? Keine.

SRS, Quadrille. Wien, Heldenplatz 2015. Foto: © Werner Poscharnigg.

GESCHICHTEN AUS DEM WIENERWALD…

„Ab den 1950er Jahren bis ins Jahr 2005“ und bereits vorher wurden die Stallungen der ehemals kaiserlichen Hermesvilla im Lainzer Tiergarten von Wien als „Sommerstall für die Lipizzanerhengste der Spanischen Hofreitschule genutzt. Sieben Wochen lang wurden die Hengste im Tiergartengelände ausgeritten.“ „Die Stallungen der Pferde der Kaiserin waren im linken Flügel des Hoftraktes untergebracht. Die originale Stalleinrichtung, wie die Trennwände der Boxen und (damals üblichen) Stände, sind heute noch zum Großteil vorhanden. Zwischen Boxen- und Anbindestall gibt es ein so genanntes 'Rondeau'. Ein kreisrunder Bau im Durchmesser von 20 Metern, in dem die Pferde bei schlechtem Wetter longiert werden konnten.“[26]

Der 1561 eingefriedete „Tiergarten“, einst kaiserliches Jagdrevier, umfasst 2450 Hektar und dient den Wienern als herrliches Naherholungsgebiet. Es leben dort Hirsche, Damwild, Rehe, Mufflons, Wildschweine, Heckrinder etc. „1882–1886 ließ Franz Joseph I. im stadtnäheren, östlichen Teil des Tiergartens die Hermesvilla als Refugium für Kaiserin Elisabeth errichten.“[27] Die verwöhnte Kaiserin allerdings nutzte das elegante Schlösschen nur selten, obwohl der verliebte Kaiser sogar die umliegenden Wiesen durch Walzen verdichten ließ, damit die waghalsige Amazonen-Majestät sich beim kühnen Reiten weniger Gefahren aussetzte.

Für die Lipizzanerhengste der Spanischen Reitschule jedoch war Lainz eine nahe, ideal geeignete Sommerfrische, zu welcher die Bereiter einfach per Öffi fahren konnten. Was die Management- und Polit-Genies des ausgegliederten Betriebs erfolgreich zu verhindern wissen sollten. Ihre Vorgehensweise ließ es nicht an Raffinesse mangeln.

Der Standort Lainz wäre, obwohl er Natura-2000-Gebiet wurde,[28] für die Hofreitschule ausbaufähig für alle Ansprüche moderner Pferdehaltung und zeitgemäßer Trainingsformen gewesen.[29]

CASH-COW ZWEITE EQUIPE

Doch es spukte damals der Expansions-Plan herum, eine zweite Equipe aufzubauen, wofür man eine markante Verstärkung des Pferdebestands gebraucht hätte. Der Sinn wäre gewesen: Mehr Vorführungen und damit mehr Einnahmen. Seltsam: Bei den Wiener Philharmonikern war noch nie jemand auf die skurrile Idee einer zweiten Mannschaft gekommen, mit der man das Neujahrskonzert zweimal spielen könnte. Was ja eine Super-Cash-Cow wäre.

„Kernpunkt des Unternehmenskonzeptes für die Jahre 2002 – 2008 war die Errichtung eines Trainingszentrums für die Spanische Hofreitschule. Dieses sollte zur Ausbildung von Junghengsten und Hengsten, zur Ausbildung von Eleven und Bereiteranwärtern, der Möglichkeit des Besuchs des Trainings, als Erholungsquartier (Sommerquartier) für die Hengste und als Verkaufszentrum dienen. Dadurch hätte sich eine Aufstockung der Pferdeanzahl sowie der ausgebildeten Hengste für die Vorführungen und des reitenden Personals ergeben, was zum Ziel gehabt hätte, die Vorführungsanzahl, Morgenarbeiten und Tourneeauftritte zu erhöhen, um durch diese Mehreinnahmen ein ausgeglichenes Ergebnis zu erzielen.“[30]

Die Oberbereiter hielten nichts von solch hochfliegenden Managementplänen. Große Kunst lässt sich nicht verdoppeln oder kopieren. Lainz jedenfalls, als Natura-2000-Gebiet, war nur geeignet für den normalen Pferdebestand von ca. 70 Hengsten, nicht aber für mehr. Und wer weiß, ob nicht geschickte, willige Verhandler und gewiefte Juristen den für die Lipizzaner absolut passenden, traumhaften Trainings- und Erholungsort inmitten herrlicher, weitläufiger Natur, nur 12 km von der Spanischen Hofreitschule entfernt, hätten realisieren können.

WOHIN MIT DEM TRAININGSZENTRUM?

Vielleicht aber schmiedeten politische Strippenzieher in diskreten Hinterzimmern bereits ganz andere Pläne, während Pohl & Co. nach Alternativen zu Lainz suchten. Denn: Die hochtrabenden Expansionspläne für eine zweite Equipe wurden just nach der Entscheidung für Kleinwetzdorf rasch wieder fallengelassen.[31] Dem gelernten Österreicher stellt sich hier die Frage: Waren diese Expansionspläne von Anfang an nur ein Vorwand, um den idealen Standort Lainz zu verunmöglichen? Möglicherweise aber war der größte Fehler von Lainz der, dass es nicht dem schwarzen Landwirtschaftsministerium und Niederösterreich, sondern dem roten Wien gehört.

Landwirtschaftsminister Josef Pröll berichtete allerdings dem Parlament: „Es waren die Standorte Schönbrunn, Schloss Hof, Schloss Neugebäude, Laxenburg, Freudenau bzw. Krieau im Gespräch.“[32]

Das anstatt von Lainz erstrebte Trainings- und Erholungszentrum der Spanischen Hofreitschule war im Jahr 2002 „im Bereich der ehemaligen Meierei von Kaiserin Elisabeth in Schönbrunn“ angedacht. „Das Bauvorhaben sieht eine Reithalle, Stallungen für etwa 85 Pferde und weitere kleine Trainingsflächen vor.“ Allerdings „deponierte Wiens Klubchef der Grünen, GR DI Christoph Chorherr...seinen entschiedenen Protest gegen dieses Bauvorhaben“.[33]

Wo die Politik plant, verdienen Leute Geld: Architekt Manfred Wehdorn war mit einer Meierei-Machbarkeitsstudie beauftragt worden und befand die Örtlichkeit als geeignet, jedoch das anschließende Gelände der Maria- Theresien-Kaserne besser. Deren Besitzer, das Verteidigungsministerium aber, soll dieses Ansinnen abgelehnt haben. Vielleicht sehr zur Zufriedenheit des Landwirtschaftsministeriums, des Besitzers der k. & k. Meierei, welcher u. U. gerne alles in seinem Machtbereich sieht.

„Dr. Werner Pohl, Direktor der 2001 ausgegliederten Spanischen Hofreitschule, wie auch Wehdorn betonten, dass sämtliche Schritte mit dem Schloß Schönbrunn, wie auch mit der Leitung des Tiergartens abgesprochen seien und alle der Idee der Errichtung des Trainingszentrums nicht zuletzt als willkommene Ergänzung des touristischen Angebotes positiv gegenüber stünden."[34] Warum trotz solcher Harmonie zwischen allen Beteiligten aus der Sache nichts wurde, bleibt vorerst unbekannt. Ob der „talentierte Herr Chorherr – Außer Spesen nichts gewesen?"[35] das Schönbrunn-Meierei-Projekt zu Fall brachte?

Ob mittlerweile jemandem die „genialen" Expansionspläne, also der Aufbau einer zweiten Equipe von Pferden und Reitern, eingefallen waren? Denn dann wären 85 Pferdeboxen zu wenig gewesen. Und man hätte sich schließlich – mit dem Ausdrucke des höchsten Bedauerns – für das niederösterreichische Kleinwetzdorf entscheiden müssen.

SRS im Sommerquartier Lainzer Tiergarten, Hermesvilla, 1940-er Jahre. © Privatarchiv.

HELDENBERG: KLEINWETZDORF GANZ GROSS

In the middle of nowhere: Genau dort liegt das Kleinwetzdorfer Trainingszentrum „Heldenberg“ der Spanischen Hofreitschule.

„Der Bestandvertrag mit der Stadt Wien für das Sommerquartier in Lainz endete aufgrund einer einvernehmlichen Kündigung mit 1. Juli 2005. Im August 2004 schloss die Gesellschaft als Bestandnehmerin bezüglich einer Liegenschaft in Kleinwetzdorf einen Bestandvertrag für die Dauer von 20 Jahren ab. Es bestand die Option für zwei weitere Perioden von je zehn Jahren… Der Bestandvertrag sah auch vor, dass bei Vertragsbeendigung sämtliche allenfalls von der Bestandnehmerin (der SRS) errichteten Gebäude und baulichen Anlagen entschädigungslos in das Eigentum der Bestandgeberin übergehen.“[36]

Hand aufs Herz, geneigte Leser: Würden Sie so eine derartige Vertragsklausel unterschreiben? Sicher nicht. Hofreitschuldirektor Pohl jedoch schon.

Der mit dem Grundeigentümer, einer Stiftung der Industriellenfamilie Turnauer, einer der reichsten Dynastien Österreichs, abgeschlossene Vertrag sieht für diese Leute sehr lukrative Einnahmen vor.[37] Ehrenpräsident des Aufsichtsrates der SRS seit 2005 war – zufälligerweise? – ein Max Turnauer. „Der Rechnungshof beurteilte die im Rahmen des Bestandvertrages von der Gesellschaft eingegangenen vorangeführten Vertragsbedingungen für die Gesellschaft als nicht vorteilhaft.“[38] Eine übertrieben höfliche Untertreibung.

Es muss Pohl dann doch gedämmert haben, dass er da etwas – naja – Ungünstiges für die Hofreitschule unterschrieben hatte, und er versuchte zurückzurudern. Doch, wie man in Wien sagt: „Jedes Schriftl is a Giftl.“ Und: Pacta sunt servanda. Pohl biss natürlich auf Granit:

„Bei der Gebarungsüberprüfung durch den Rechnungshof gab die Geschäftsführung bekannt, dass sie sich in Gesprächen mit der Bestandgeberin um eine Änderung der betreffenden Vertragsbedingungen bemüht hätte, letztlich jedoch keine Verbesserung für die Gesellschaft erreicht werden konnte.“[39]

SRS, Pas de deux. Heldenberg. Fotos: © Werner Poscharnigg.

KOSTENEXPLOSION

„Die Kosten für den Betrieb des Sommerquartiers in Lainz betrugen im Jahr 2003 53.000 EUR…Demgegenüber beliefen sich die Kosten für den Betrieb des Sommerquartiers in Kleinwetzdorf im Jahr 2005 auf 253.000 EUR“.[40] Also eine Kostenexplosion um fast das Fünffache. Privatmanagement wirkt eben. Fragt sich nur: Cui bono?

Noch ein zum Kopfschütteln anregendes Detail, wie damals gewirtschaftet wurde: Im Rahmen der Landesausstellung Niederösterreichs 2005 konnten rund 70.000 Besucher die Lipizzaner in Kleinwetzdorf bewundern. Die Hofreitschule erhielt vom Kartenverkauf interessanterweise nicht nur „keinen Erlösanteil“[41], sondern bezahlte sogar „neben dem Grundbestandzins einen umsatzabhängigen Bestandzins von 56.000 EUR“[42] an den Grundeigentümer. Das Sahnehäubchen dazu: „Der Rechnungshof bemängelte, dass die Gesellschaft (SRS) die Rechnung bezahlte, ohne sich Unterlagen zum Nachweis der angeführten Besucheranzahl vorlegen zu lassen.“[43]

„Und so fahren die Lipizzaner samt Personal kostenintensiv statt umweltfreundlich und klimaneutral eine runde Autostunde zur Auszeit ins Grüne. Dort genießen sie auf Privatgrund staatlich finanzierte Annehmlichkeiten, welche dringend benötigt werden: Paddockboxen, Koppeln, Ausreitgelände, Reithalle, Reitplatz etc.“[44] Ob das Gerücht wahr ist, wonach auch per Taxi auf Regimentskosten nach Kleinwetzdorf kutschiert wird, bleibt der Spekulation überlassen.

Zur Ehrenrettung des Dr. Pohl sei erwähnt, dass er die Entscheidung für Kleinwetzdorf doch nur im Einklang mit dem Aufsichtsrat getroffen haben kann. Dessen Vorsitzender war damals Sektionschef Dr. Johannes Abentung, unterstellt dem Landwirtschaftsminister Josef Pröll; sein Stellvertreter war DI Herbert Kasser.

KOMTURKREUZ FÜR DEN „EHRENPRÄSIDENTEN“

Der politische Druck, das Lipizzaner-Sommerquartier und Trainingszentrum aus dem roten Wien ins damals nahtlos tiefschwarze Niederösterreich abzusaugen, kam mutmaßlich bzw. möglicherweise auch von einem Machtmenschen, den sich als Gegner seiner Pläne nur wenige wünschten: Landeshauptmann Dr. Erwin Pröll. Es traf sich da doch gut, dass sein Neffe DI Josef Pröll Landwirtschaftsminister war, zuständig für die Spanische Hofreitschule. Den halbwegs toten Winkel Kleinwetzdorf touristisch und arbeitsplatzmäßig zu beleben, wird dem Pröll-Clan legitimerweise sicherlich gefallen haben.

Übrigens: Ende 2005 „überreichte Landeshauptmann Dr. Erwin Pröll…Max Turnauer, dem Botschafter des Souveränen Malteser-Ritter-Ordens beim Fürstentum Liechtenstein, das ‘Silberne Komturkreuz mit dem Stern des Ehrenzeichens für Verdienste um das Bundesland Niederösterreich‘.“[45] Schon eine nette Geste für den „Ehrenpräsidenten“ des Aufsichtsrats der Hofreitschule. Schließlich bezahlt doch der Bund, also die Republik Österreich, den Löwenanteil der massiven Mehrkosten für das Kleinwetzdorfer Projekt im Bundesland der Prölls.

Hofreitschuldirektor Pohl jedenfalls verhielt sich seinen mächtigen Vorgesetzten gegenüber sehr loyal: „Auf die Frage, wie es zu für die Gesellschaft (SRS) so nachteiligen Vertragsvereinbarungen kommen konnte, antwortet Dr. Pohl: 'Zum Gesamtprojekt Wetzdorf gab es Vorgaben aus dem Landwirtschaftsministerium, die waren einzuhalten. Wenn es zu einem sogenannten Vertrag zwischen Bund und Land kommt, dann ist es nicht meine Aufgabe, das zu kommentieren. Und im Hinblick auf die Eintrittskarten, da sprechen Sie die Landesausstellung 2005 an, das ist überhaupt nicht oder nur marginal in unserem Verhandlungsbereich gewesen, das war eine Kombination von Vermietung und Verpachtung von Anlagen aus dem Besitz der Familie Turnauer an das Land Niederösterreich, und es steht mir nicht zu, das zu kommentieren.'"[46]

Doch trotz aller Bravheit wurde Pohl 2005 gegangen. Häufiges Schicksal aller allzu Braven.

NICHTS PROVINZIELLERES AUF ERDEN

Das Terrain Kleinwetzdorf jedenfalls zeichnet sich aus durch seine markant hügelig-bucklige Geographie. Es bedarf durchaus planerischer Kühnheit oder Unwissenheit, an solchem Ort ein Trainingszentrum und Sommerquartier für die kostbarsten Pferde Österreichs zu installieren. Noch dazu so weit weg von Wien. Es fragt sich: Gäbe es im Umkreis von 53 km, 60 Autominuten entfernt von der Hofreitschule - das ist der Weg nach Kleinwetzdorf - einen noch ungeeigneteren Platz für diesen Zweck? Solche Ungeeignetheit wird noch getoppt durch die Vorführungs-Arena, welche direkt unterhalb einer gut frequentierten Eisenbahnlinie liegt. Alles hier wirkt beengt, eingezwängt, unelegant, kleinlich.

Es gibt kein provinzielleres Ambiente auf dieser Erde, wo die Spanische Hofreitschule jemals aufgetreten wäre.

Aus der Sicht eines Immobilienentwicklers allerdings der definitive Geniestreich: Ein gschertes Nichts wird zum Domizil imperialer Hochkultur.

Das Trainingszentrum Heldenberg selbst liegt auf einem Kogel oberhalb der emsig befahrenen Eisenbahnstrecke, neben der sich die Koppeln befinden, auf denen sich die Lipizzaner erholen sollen. Diese Koppeln aber zeichnen sich durch deutliche Schräglage aus. Welcher Besitzer eines kostbaren, jahrelang zur Hohen Schule trainierten Hengstes würde hier leichten Herzens freiwillig sein Pferd solchem Verletzungsrisiko aussetzen?

Die Burschen aber, welche in ihrer Respektlosigkeit dem österreichischen Kulturjuwel Spanische Hofreitschule eine derartige Örtlichkeit zumuteten, waren gerissen, eine Eigenschaft, welche laut Konrad Adenauer in der Politik nicht von Nachteil ist: Die „Führung und Bewahrung" des Trainingszentrums Heldenberg wurde 2023 sogar gesetzlich verankert.[47] Kurz vor Ablauf des Vertrags Turnauer – SRS. Alle Achtung. Welche Umsichtigkeit! Denn falls jemand auf die gar nicht abwegige Idee käme, dass Kleinwetzdorf doch keine so tolle Sache für die Spanische Hofreitschule sein sollte, müsste er erst ein Bundesgesetz ändern.

Die Attraktivität von Heldenberg als Ort für Vorführungen der SRS scheint im Lauf der Jahre stark abgenommen zu haben: Gab es in der Ära Gürtler noch links und rechts der Reitbahnlängsseite je eine stark besuchte Besuchertribüne, so fiel bei der „Lipizzanergala" 2025 auf, dass man mit einer langen Tribüne weniger auskommen musste, also um ca. 40 % weniger Karten verkaufte, obwohl doch hochkarätige Marketingexperten am Werk waren…

Es gibt, übrigens, eine „Heldenberg Vermarktungs- und Betriebsgesellschaft mbH" mit Geschäftsführung und Beirat. Ob diese Firma gratis für die SRS arbeitet?

Wäre es nicht fair, wenn das Land Niederösterreich, welches die Hofreitschule in diese charmlose Provinz hineintheaterte, wenigstens für die daraus erwachsenden Extra-Kosten – Fahrtkosten, Dienstzeiten, etc. – vollumfänglich aufkäme? Denn dann wäre die normative Kraft der leider geschaffenen Fakten mutmaßlich erträglicher.

SRS in Heldenberg. Einreiten für die Schulen über der Erde.
Foto: © Werner Poscharnigg.

ARMIN AIGNER, DER „LIPIZZANER-BÄNDIGER“

Pohl war nun aufgrund seines Wirkens Geschichte. Ministerium und Aufsichtsrat glaubten jedoch nach wie vor felsenfest an die Richtigkeit des Ausgliederungsweges. Und zogen am 1. Mai 2005 den nächsten Wunderwuzi aus dem Zylinder: Ausgerechnet Armin Aigner, den bisherigen Controller an der Seite Pohls. „Ein Controller ist für die Planung und Steuerung der Finanzen eines Unternehmens zuständig und definiert zusammen mit dem Management Weiterentwicklungspotentiale, Budget-Einsparungen und Effizienzsteigerungen in Hinblick auf die Unternehmensziele“, definiert Google. Wie effizient Aigner, damals knapp über 30 Jahre alt, in seiner Funktion diese Aufgabe erfüllte, erschließt sich aus den bereits erwähnten Tatsachen.

Weswegen online hämisch kommentiert wurde: „geh nutella, der Herr Aigner ist ja immerhin Hobbyreiter - das muss genügen - dafür hat er schon 6 Jahre Berufserfahrung seit dem Studium ... wow - und schon in verschiedenen leitenden Positionen. Steht alles im Lebenslauf auf der HP der Spanischen“.[48]

„Laut Aigner gibt es den Auftrag, die Hofreitschule vom Zuschussbetrieb in ein Unternehmen zu verwandeln, das ausgeglichen bilanziert - und zwar bis 2008 oder 2009…Aigner bestätigte, dass die Spanische Hofreitschule derzeit rote Zahlen schreibt: ‚Ja, wir machen Verluste, aber wir sind am richtigen Weg.‘“[49] Wer weiß, vielleicht war er wirklich davon überzeugt…

Er jedenfalls und der zuständige Landwirtschaftsminister Josef Pröll „bezeichnen die Ausgliederung der Spanischen Hofreitschule und des Bundesgestüts Piber insbesondere in betriebswirtschaftlicher (!) Hinsicht als erfolgreich, obwohl der Rechnungshof zu einer diametral anderen Ansicht gelangt.“[50]

OLYMPIA-GOLD GÜNSTIG

Hier noch eine charmant-amüsante Randnote aus dieser Ära: Im Herbst 2005 setzte Landwirtschaftsminister Josef Pröll Frau Elisabeth Max-Theurer als Sprecherin und Vizepräsidentin in den sogenannten Aufsichtsrat der SRS. Sie sollte „die offizielle Repräsentantin der Spanischen Hofreitschule nach Außen sein. Darüber hinaus soll sie bei der Aufsicht sowohl über die reiterliche Weiterentwicklung der Reitschule in Wien, als auch über die Stärkung der Zucht im Traditionsgestüt Piber eine wichtige Rolle einnehmen.“[51] Der Grund für ihr Ansehen: Bei den

Olympischen Spielen in Moskau 1980 hatte sie im Grand Prix Spécial mit bescheidenen 1370 Punkten (sic!) problemlos die Goldmedaille bekommen, weil sanktionsbedingt außer ihr neben 10 Athleten aus dem Ostblock nur noch eine Finnin am Bewerb teilnahm.[52] Die Dressurrichterin Jytte Lemkow berichtete: „Um das Niveau zu verdeutlichen, dem wir in Moskau gegenüberstanden: In meinen Gesamtnoten habe ich bei acht von 14 Startern einen Durchschnitt von unter 4 vergeben!“[53] Abgesehen davon fragt es sich, ob eine Sportdressurreiterin die geeignete Person ist, um die „reiterliche Weiterentwicklung der Reitschule in Wien“ zu gewährleisten und zu beaufsichtigen. Doch der Landwirtschaftsminister wird schon gewusst haben, was er tat...

TRADITIONSBETRIEB AUSMISTEN

Neben Immobilienverkäufen gab es in der Aigner-Ära die üblichen Supermanagerrezepte: „Mit staatlicher Finanzunterstützung hat Aigner in dem Traditionsbetrieb ordentlich ausgemistet...Das Gestüt Piber...wurde zu einem Erlebnispark umgewandelt. Die Besucheranzahl konnte um 47 Prozent gesteigert werden. Gleichzeitig hat Aigner sich dort auf das Kerngeschäft konzentriert, die dazugehörige Landwirtschaft der Bauernschaft aus der Umgebung überlassen, der Gastronomiebetrieb wurde verpachtet, rund 20 Prozent des Personals gekündigt. Aber auch im Vorführbetrieb in Wien hat Aigner die Zügel ordentlich gestrafft: Die Zahl der Aufführungen konnte verdoppelt werden, einzelne Trainingseinheiten wurden für das Publikum öffentlich gemacht..., ein Plus in der Besucheranzahl von 25 Prozent (218.587 Besucher) war die Folge. Eine Betriebsvereinbarung regelt nun einen flexiblen Personaleinsatz“.[54]

Jeder denkende Pferdemann kann sich vorstellen, was diese paar Sätze in der Praxis für Ross und Reiter bedeuten. In Piber: Mehr Arbeitsstress und weniger Zeit für die Pferde. In der Hofreitschule: Qualitätseinbußen bei der künstlerischen Arbeit. Wer wäre bei den Wiener Philharmonikern oder der Staatsoper auf die Idee gekommen, deren Vorführungen zu verdoppeln, damit sie das Bundesbudget weniger belasten? Und was hätte das bedeutet?

Und wer auf seiner an andere Betriebe verpachteten Landwirtschaft nichts mehr selbst produzieren will, muss das benötigte Material - Heu, Stroh, Hafer etc. - eben anderswo teurer kaufen. Kurzfristig aber sieht das in der Bilanz hübscher aus. Übrigens: Das Schickimicki-Restaurant im Schloss Piber war von Anfang an eine Totgeburt, weil niemand gern in ein schlechtes Lokal geht.

GEHYPT & RASCH VOM ACKER

Jedenfalls konnte medial am 25.2.2005 gejubelt werden: „Sanierung bei der Hofreitschule. Neuer Chef schafft Turnaround zwei Jahre früher als geplant.“ Im ersten Halbjahr 2007 erwirtschaftete der gehypte "Lipizzaner- Bändiger"[55] angeblich sogar ein Plus von 195.000 Euro.[56] Und machte sich rasch vom Acker: „Der Geschäftsführer der Spanischen Hofreitschule, Armin Aigner, tritt mit Ende des Jahres (2007) von seinem Amt zurück...Aigner werde nach dem Ende seiner Geschäftsführertätigkeit der Gesellschaft bis Mitte 2008 als Konsulent zur Verfügung stehen.“[57] Wohl nicht gratis.

Aigner wird Gründe für seinen hurtigen Abgang gehabt haben, denn der Rechnungshof gab mit seinem Rohbericht im November 2007 bekannt, „wie groß das Minus der Spanischen Hofreitschule ist – bis zum Jahr 2006 war ein kumulierter Bilanzverlust von 18,44 Millionen Euro zu verzeichnen, für 2007 soll ein weiterer Abgang von annähernd 1,8 Millionen zu verbuchen sein…Das 50seitige Dokument zeigt das Missmanagement der ersten sechs Jahre auf – mit dem lakonischen Fazit: 'Das der Vorbereitung der Ausgliederung der Spanischen Hofreitschule im Jahr 2001 zugrunde gelegte Ziel einer positiven wirtschaftlichen Entwicklung über einen Zeitraum von acht Jahren kann voraussichtlich nicht erreicht werden.'"[58] Der sogenannte Aufsichtsrat der Spanischen Hofreitschule gewährte dennoch – vielleicht waren solche Kleinigkeiten angesichts der Horrorzahlen „eh schon wurscht" – dem Aigner noch ein Extra-Zuckerl: Aigner „kassierte für das Jahr 2005 (damals gab es einen Rekordverlust von 3,9 Millionen Euro) eine Prämie in Höhe von zwei Bruttomonatsbezügen zuzüglich aliquoter Sonderzahlungen. Laut RH sei dies dem Geschäftsführer für seine 'hervorragenden Leistungen' beim Verkauf umgewidmeter Forstteilflächen gewährt worden."[59] Wir erinnern uns: Diese Grundstücke waren just vor dem Verkauf billiger gemacht worden.

„Allerdings: Der Verkauf verzögerte sich und ging erst im Juni 2007 über die Bühne. Laut RH sei eine derartige Vorab-Prämie völlig unzulässig. Weiters kritisieren die Prüfer, dass es die Geschäftsführer mit Budgetzahlen nicht so genau nahmen - die tatsächlichen Betriebsergebnisse wichen von den Voranschlägen massiv ab; teilweise verrechnete man sich um drei Millionen Euro. Der RH spricht gar von ‚unrealistischer Budgetierung'."[60] Konsequenzen? Wie erwartet: Keine.

Bereiter Christian Bachinger, Courbette. Heldenberg. Foto: © Werner Poscharnigg.

ELISABETH GÜRTLER: SPARSTIFT STATT SACHERTORTE

Dkfm. Elisabeth Gürtler, neue „Generaldirektorin“ der Spanischen Hofreitschule, zeigte sich von der desaströsen Finanzlage daher nicht begeistert: „Sie werde alles tun, um das Minus zu verringern. Erst Ende November (2007) als neue Geschäftsführerin bestellt, sei sie vom Reformbedarf überrascht. ‘Ich bin gekommen, nicht wissend, dass solche Dinge in Angriff zu nehmen sind‘, so Gürtler.“[61] Und gab weiters bekannt: „Uns wurde immer erzählt, es sei in den vergangenen Jahren ein Sanierungskurs gefahren worden, der im wesentlichen abgeschlossen sei.`“.[62] Das Wirken ihrer Vorgänger möchte sie allerdings nicht kommentieren.

Mit Elisabeth Gürtler hatten die Dirigenten und ihr Dunstkreis im tiefschwarzen Landwirtschaftsministerium erstmals eine ökonomisch kompetente Führungspersönlichkeit mit absolut erfolgreicher, langjähriger Management-Erfahrung ausgewählt. Sie ist keine Quotenfrau, die nur aufgrund ihres Geschlechts den Posten kriegt, sondern ein Mensch, der durch Leistung überragt. Die Ernennung einer Frau an der Spitze der jahrhundertelangen Männerdomäne Spanische Hofreitschule ließ die Öffentlichkeit düstere Rechnungshofberichte wohlwollend übersehen. Da gab es etwas zu diskutieren, medial zu verwerten, zu beplappern. Ein politisch geschickter Schachzug.

Die höchst effiziente Hotelière, Sacher-Chefin, mehr als bestens vernetzte Society-Lady, Opernball-Organisatorin - und eine der letzten echten Damen Wiens - übernahm die Geschäftsführung zusammen mit dem Bundesforst-Juristen Mag. Erwin Klissenbauer, welcher als wirtschaftlicher Direktor fungieren sollte. Auch als Vizestaatsmeisterin im Dressurreiten passte sie bestens ins Bild, zumal sie Unterricht bei Bereitern der „Spanischen“ genossen hatte. Also schien alles eitel Wonne. Wenngleich sich Kenner der Hofreitschule fragten, ob die oben angeführten Qualifikationen dem tatsächlichen Anforderungsprofil eines Direktors der Institution entsprechen könnten.

SRS Wien, Heldenplatz 2015. Foto: © Werner Poscharnigg.

WIRTSCHAFTLICHE INTELLIGENZ & MACHTINSTINKT

Gürtler jedenfalls ging mit dem ihr inhärenten, vielleicht überentwickelten Machtinstinkt und ihrer wirtschaftlichen Intelligenz zielbewusst vor, jede Gegnerschaft sofort ausschaltend. So sehr solche Eigenschaften Gutes, Produktives bewirken können, kann der bedingungslose Wille zur Macht in seinem zügellosen Vorgehen auch ungewollt Schaden anrichten, wie die Geschichte der Menschheit immer wieder bewies.

Es sollten sich einige Maßnahmen, die sie zur Erfüllung ihrer Vorhaben setzte, nachteilig für die Spanische Hofreitschule auswirken. So führte sie eine Prämie für Bereiter ein, wenn diese einen Hengst zur Vorführungsreife brachten. Klingt doch gut. Mehr Wettbewerb, mehr Leistung, die belohnt wird. Solches Überbietertum allerdings führt zur übereilten, forcierten Schnell-Ausbildung, welche den Pferden schadet. Die Langzeitfolgen dessen aber sind: Krankheiten, Lahmheiten mehr als früher; weniger lange Einsatzfähigkeit der Hengste.

Im Gegensatz zu manchen anderen, die von der Politik auf das hohe Ross dieser Direktion gesetzt wurden, hatte sie von wirtschaftlichem Management, das auch Erfolg bringt, sehr viel Ahnung. Allerdings ist die Hofreitschule etwas anderes als ein Hotel. Was zu beachten gewesen wäre. In einem ORF-Interview erzählte sie von ihrer Spar-Strategie im Sacher; der Kunde dürfe von den Einsparungen nichts merken. Daher lautete ihre Maxime für die Hofreitschule: „Sparen, sparen, sparen“.[63] Sicher absolut richtig.

Schließlich waren der „Gesellschaft öffentlichen Rechts“ viele neue Kosten, Posten und Pöstchen aufgebürdet worden, wechselnde Direktionen, Konsulentenverträge, Aufsichtsrats“entschädigungen“, Geschäftsführungen, Marketing- und Branding-Experten, abenteuerliche Boni, Machbarkeitsstudien, etc. Die Zahl der mit den Pferden befassten Beamten und Angestellten blieb annähernd gleich, während die Zahl der Nicht-Pferde-Beschäftigten kontinuierlich anschwoll und anschwillt. Doch darum ging und geht es nie. Die Schuldigen für das Defizit waren rasch gefunden und mittels medialer Neid-Maschinerie vor den Vorhang geholt: Die Oberbereiter und Reiter mit ihren angeblichen Luxuseinkünften.

PRIVILEGIENRITTER AUF WEISSEN HENGSTEN

Der österreichische Beamte war traditionell stets kärglichst besoldet, wurde jedoch mit seiner Arbeitsplatzsicherheit vertröstet: „Der Beamte hat am Ersten nix, am Letzten nix; aber was er hat, das hat er fix“, so oder ähnlich spöttelte der Wiener Kabarettist Hermann Leopoldi. Die Taktik der Gewerkschaft bzw. Personalvertretung jedoch war durch Jahrzehnte, scheibchenweise kleine Vorteile und Sonderkonditionen herauszuverhandeln, welche dann das Leben für die öffentlich Bediensteten besser finanzierbar machten. In Einzelfällen konnte das durchaus zu fetten Luxus-Gratifikationen ausarten. So wurde, z. B., für jede Auslandsvorstellung der „Spanischen“ ein extra-netter, vielleicht übertriebener Bonus ausbezahlt.

Quod licet Jovi, non licet bovi. Im Fall der Hofreitschul-Reiter wurde daher rasch eine Neiddebatte losgetreten, vor allem, was Auslandsauftritte betraf, während sich noch niemals ein Journalist darüber ereifert hätte, wie schamlos privilegiert im diplomatischen Dienst abgecasht wird. Sogar sein Reitpferd kann sich der österreichische Diplomat auf Staatskosten an seinen ausländischen Dienstort und zurück transportieren lassen. Doch als Botschafter Österreichs in der Welt wirken unsere Lipizzaner und ihre Reiter sicherlich repräsentativer als Kohorten bestbezahlter Diplomaten.

Was Journalisten und Rechnungshof nicht so sahen: „Insgesamt entwickelte sich die Hofreitschule in den vergangenen Jahren zu einem wahren Paradies für Privilegienritter auf weißen Hengsten: So erachtet der RH die durchschnittlichen Gehälter der Oberbereiter und Bereiter als 'sehr hoch'...Wobei sich die Bezüge 'zu mehr als zwei Drittel aus Zulagen' ergeben würden."[64]

Also schritt die neue Prinzipalin ein: „Generaldirektorin Elisabeth Gürtler und die Bereiter der Spanischen Hofreitschule einigten sich auf eine Neuregelung, mit der die Spitzengehälter um bis zu ein Drittel gekürzt werden...Laut einer Sprecherin der Hofreitschule sei die Einkommenskurve verändert worden. Junge Bereiter könnten nun früher mehr verdienen, während die Einkommensspitzen beseitigt worden seien...Neu geregelt wurde auch das Zulagensystem...Hier sei komplett umstrukturiert worden."[65] So weit, so gut.

VERDOPPELUNG DER AUFFÜHRUNGEN

Wer Schulden hat, braucht Einnahmen. Es kam zu einer Verdoppelung der Zahl der Aufführungen auf 72. Ebenso gab es mehr öffentliche Morgenarbeiten. Jänner- und August-Pausen wurden gestrichen. Die Hofreitschule führte nun das Souvenir-Shop selbst. Als weitere Geldquellen erschloss Gürtler die Vermietung von Räumlichkeiten in Wien und Piber. Sie veranstaltete Fundraising Dinners und die Fête Impériale, eine Reihe von wunderschönen Sommerbällen.

Diese an sich glanzvollen Veranstaltungen, wo man interessante Menschen der Reitwelt und Gesellschaft traf, zogen aber gewisse Unerfreulichkeiten nach sich. Um die Festgäste in der Stallburg, wo die Lipizzanerhengste logieren, regensicher feiern zu lassen, montierte man über dem Innenhof ein Eisengerüst, um darauf eine Plane zu fixieren. Angenehm für die Leute, schlaf- und luftraubend für die Pferde, welche überdies die Musikbeschallung ertragen müssen. Diese Plane bringt man einige Tage vor dem Event an und nimmt sie einige Tage später weg. Während dieser Zeit kriegen die Hengste nur die stickige Luft unter der Kunststoffplane. Wenn im Hof der Stallburg gekehrt wird, wirbelt der Staub auf bis hinauf zur Plane und schwebt dann langsam nach unten. Mittlerweile gibt es eine Sprühnebelanlage, um das Staub- und Hitzeproblem zu reduzieren.

In der Adventzeit werden die Pferde der Beschallung und Überdachung für lange Zeit ausgesetzt, weil in der Stallburg der - hoffentlich profitträchtige – von Sonja Klima eingeführte Weihnachtsmarkt stattfindet. Möchten wir, geneigte Leser, wochenlang stundenlang kitschige Weihnachts-Songs und Lichtshows in unserem Haus ertragen müssen? Und dazu das Geschnatter Glühwein trinkender Menschenmassen? Wir nicht, und die Lipizzaner auch nicht.

Bewundernswert ist, dass Meister-Netzwerkerin Gürtler die Burghauptmannschaft motivieren konnte, über einem der bedeutendsten und denkmalgeschützten Renaissancebauwerke Wiens das hässliche Stahlgestänge dauerhaft aufgebaut zu lassen.

„Der Zustand des Hofes aus dem Jahre 1563 entspricht…dem Zustand der Institution: Diente der Umbau der untersten Arkaden in offene Boxen noch dem Tierwohl, war die Stahlkonstruktion für das mobile Dach ein bloß dem Kommerz geschuldeter Anschlag auf die Integrität des Gebäudes…Und über allem schwebt ein überdimensionaler weißer Kitsch-Pegasus aus Styropor aus den Bundestheater-Werkstätten, Dekoration eines Adventmarkts 2019 und offensichtlich zum Dauer-Provisorium geworden.“[66] Mittlerweile jedoch flog dieser Pegasus zurück in seinen Herkunftsstall.

ROLL OVER, FISCHER VON ERLACH!!!

Die Jagd nach mehr Einnahmen resultierte in noch viel unappetitlicheren Monstrositäten. Wer vor der Stallburg nicht zurückschreckt, hat auch vor der Winterreitschule keinen Respekt. Mammon, der Gott des Geldes, ließ seine Sklaven geradezu Ekelerregendes vollführen: Roll over, Fischer von Erlach!!! In den edelsten, schönsten Reitsaal der Welt, welcher seit 1735 eine unvergleichliche Bühne für die sublime österreichische Reitkunst bildet, wurde eine schubladenartige Zuschauertribüne vor der ursprünglichen Hofloge eingebaut. Und zwar im Schuhschachtel-Shopping-Mall-Stil. Furchtbar! Wer optimale Sichtverhältnisse bevorzugt, sollte bei diesen 56 Plätzen nur buchen, wenn er sonst keine Karten kriegt. Auf der gegenüberliegenden Schmalseite wurde ein ähnlicher Aquarium-Balkon angeklebt, auf dem 12 Besucher Platz finden.

Wer Architekt mit Anstand, mit Respekt und Ehrfurcht vor diesem herrlichen Bauwerk gewesen wäre, der hätte gesagt: „Nein! Das mache ich nicht!“ Doch man redete sich mit vielleicht schlechtem Gewissen aus, dass „eh“ alles rückbaubar sei: „Alle Einbauten wurden nicht nur reversibel geplant, sondern auch zeitlich begrenzt eingereicht und bewilligt…und in mehreren Phasen mit allen Behörden, nicht zuletzt mit dem Bundesdenkmalamt abgestimmt, wie die Spanische Hofreitschule betont.“[67] Doch noch Ende 2024 zeigte die Direktion der Hofreitschule keinerlei Lust, diese Grässlichkeiten endlich wieder zu beseitigen. Sie sind offenbar Provisorien mit Ewigkeitsanspruch. Eine üble Warze im Angesicht der Schönheit. Verlogen. Und: Sehr traurig. Überdies: Auch die Direktionen nach Gürtler wussten doch gar nicht, worum es kulturell geht.

ALLERWELTS-LICHT, NICHT BORDELL-LIKE

Als weitere Vulgarisierung der historischen Winterreitschule kann man das Licht-Management dafür sehen. Joseph Emanuel Fischer von Erlach entwarf die Fenster für den Einfall des Tageslichts in genialer Weise, um es bestmöglich zu nutzen und um die Werke der Reitkunst grandios in Szene zu setzen. Das Licht des Himmels und die Lipizzaner: Kann es Schöneres geben?

Oben: Stallburg 2025. Foto: Ironbernietyrol, Wikipedia.
Unten: Schrittmaschine der SRS. Foto: Jebulon, Wikimedia Commons.

Alois Podhajsky ließ die großen Kronleuchter einmauern, um sie vor den Unbilden des Zweiten Weltkriegs zu schützen. Sie beleuchteten in unvergleichlicher Weise das Reitgeschehen der Schule bis 2013. Das war ein Licht, welches man anderswo nicht zu sehen kriegte. Vielleicht nicht superhell. Doch es war einmalig.

Nun kam ein soßiges Allerwelts-Licht, das es in Einkaufstempeln gibt oder in Großdiscos, Kommerzshows etc.: „‘Wir werden alles sehr vornehm machen, nicht Zirkus-, nicht Bordell-like, sondern sehr reduziert‘, sagte die Generaldirektorin der Hofreitschule, Elisabeth Gürtler im Zuge der Vorbereitungen. Die Menschen seien heute verwöhnt, Licht gehöre zu allen Veranstaltungen dazu.“[68] Und da das Lichtkonzept vom Staatskünstler André Heller für € 180.000.- gestaltet wurde, musste es doch etwas Tolles sein.

Toll weniger für die klassischen Reitvorführungen, toll mehr für Bälle, Veranstaltungen und Shows in der Winterreitschule. Die hoffentlich Geld in die Kassa spülen. Die Vorführungen klassischer österreichischer Reitkunst jedenfalls werden nun in ähnliches Licht getaucht wie die beliebten Cavalluna-Shows. Was per se doch nichts Schlechtes darstellt. Aber es geht für die Spanische Hofreitschule um das Alleinstellungsmerkmal, dessen wichtiger Teil das edle Licht des Tages oder der üppigen Kronleuchter ist. Die Vorführungen der Spanischen Hofreitschule sind große Kunst vor dem Hintergrund jahrhundertelanger Tradition und keine netten Touristik-Events.

FÜHRANLAGE

„Der Rechnungshof empfahl der Gesellschaft, die Haltungsbedingungen der Hengste in Wien, z. B. durch Bewegungsmöglichkeiten auch am Nachmittag in der Schrittmaschine, zu verbessern.“[69] Dieser Empfehlung trug die Geschäftsführung 2009 Rechnung und ließ bauen: „Mit der weltgrößten ovalen Führanlage im Innenhof können bis zu 20 Hengste dank Überdachung gleichzeitig auch bei Regen und Schnee automatisch im Schritt und Trab bewegt werden…Die Anlage wird um die bestehende Sommerreitbahn herumgeführt.“[70]

Denkmalschützerisch nicht unbedenklich, doch tierschützerisch eine gute Sache, kriegen doch die Hoflipizzaner als Innenstadtbewohner kaum Auslauf. Wer solche Anlagen als Vergewaltigung herrlicher Geschöpfe sieht, die in seelenlose Maschinerie gesteckt werden, hat durchaus recht, aber in der beengten Hofburg-Situation überwiegen die Vorteile für die Pferde. Wenngleich es auch zu blutigen, ernsten Unfällen kam, wenn Hengste einmal die Chance sahen, einem unliebsamen Kollegen endlich die Meinung nachhaltig mitzuteilen. Worüber natürlich ein Mantel des Schweigens gelegt wurde.

RÜCKTRITT OHNE SCHWARZE ZAHLEN

Elisabeth Gürtler leitete die Spanische Hofreitschule als „Generaldirektorin“ seit 2007. 2018 gab sie ihren Rücktritt aufgrund von Arbeitsüberlastung bekannt. Ihr Hotelbusiness und die Reitschule empfand sie auf Dauer als zu viel. „Nach Amtsantritt erklärte sie, dass es ihr Ziel sei, das Unternehmen in die schwarzen Zahlen zu führen. Daran scheint sie jedoch gescheitert zu sein.“[71]

Trotz all ihrer vielfältigen Bemühungen, trotz ihres Sparkurses, trotz ihrer finanziellen Intelligenz war es ihr nicht gelungen, das Unternehmen aus den roten Zahlen zu führen. „Sie stand vor der Monsteraufgabe, den defizitären Betrieb weitgehend rentabel zu machen und dabei…auch das Wohl der Pferde im Auge zu behalten…Dennoch sitzt die Hofreitschule auf 23 Millionen Euro Altschulden bei 21 Millionen Eigenkapital.“[72] Gürtler lud damit keine Schande auf sich, denn eine Kulturinstitution sowie ein Spezialrassengestüt mit positiver Bilanz zu führen, gelang bisher niemand. Zumal die Umwandlung der SRS in eine Gesellschaft öffentlichen Rechts es der Politik ermöglichte, schamlos Posten und Strukturen zu kreieren, welche in der vorhergehenden Organisation so nicht möglich gewesen wären.

SRS: Galopppirouette unter Donner & Blitz. Bereiter Philipp Burg. Piber 2022.
Foto: © Werner Poscharnigg.

MEANWHILE AT THE SPANISH RIDING SCHOOL…

„Zum Reiten muss der Kopf frei sein – und das ist er zur Zeit nicht. Darunter leiden wir alle.“[73] Ernst Bachinger, „Leiter der Reitbahn“ von 2006 bis 2012, sprach 2010 diese prophetischen Worte, welche leider für das ganze Vierteljahrhundert seit der Ausgliederung der SRS gelten.

BRAIN DRAIN…

Schon 2003, also unter Pohl, betrieb Erster Oberbereiter Arthur Kottas-Heldenberg nach über 40 Jahren an der SRS seinen Abgang. Er erinnert sich: „Mit dem damaligen Leiter gab es Probleme, und er war…sehr froh, wie ich dann gesagt habe, ich möchte karenziert werden.“[74] Über die Gründe bewahrt Kottas elegantes Stillschweigen.

Doch das war der Beginn eines brain drain, den es in der Geschichte der Spanischen Hofreitschule vorher niemals gegeben hatte. Und dieses Entfernen von Persönlichkeiten, welche der „Geschäftsführung“ unbequem waren, sollte das gesamte Erst-Quartal des neuen Jahrhunderts lang als probate Management-Praxis angewandt werden. Nach der Maxime „Bestrafe einen, erziehe tausend“ suspendierte man jeden, der Kritik an der Direktion übte. Es ging den „Geschäftsführungen“ offenbar nie um die künstlerische Qualität der Schule, sondern nur um den eigenen Machterhalt. Schwache Reiter schlagen und misshandeln ihr Pferd, um es einzuschüchtern; doch sie werden es niemals gut reiten können.

Von den in dieser Epoche geschassten Oberbereitern protestierte nur einer nachhaltig. Denn diese Experten und Künstler im Sattel sind weltweit höchst gefragte Trainer, deren Wissen bereitwillig aufgesaugt und bestens bezahlt wird, sodass sie sich über die ihnen widerfahrene Ungerechtigkeit kaum beklagten. Für jeden von ihnen eröffnete sich eine neue, glanzvolle Karriere.

Erster Oberbereiter Klaus Krzisch & Siglavy Mantua I. Der 27-jährige Hengst vollführte 2005 in Piber als 27 Jähriger das große Solo „Alle Gänge & Touren der Hohen Schule"! Es war sein letzter Auftritt in Europa, bevor er mit der SRS auf Tournee in die USA ging. Foto: © Werner Poscharnigg.

BEREITER GERINGGESCHÄTZT?

Warum aber wird mit Oberbereitern bzw. Bereitern anders umgegangen als mit Künstlern der Wiener Philharmoniker? Warum werden sie wegwerfend behandelt und hinausgeschmissen wie schleißige Tellerwäscher? Von politisch opportunen „Geschäftsführern", die – abgesehen von Elisabeth Gürtler – wenig bis keinerlei Ahnung von Pferden und Reitkunst aufweisen. Was ist der Grund für die Geringschätzung gegenüber diesen durch Jahre hoch ausgebildeten Künstlern?

Die meisten der Oberbereiter und Bereiter haben nur einen Pflichtschulabschluss, und sie müssen während ihrer Ausbildung Stallarbeiten machen, was gemäß allgemeiner Meinung wenig soziales Prestige bringt. In der verbalen Kommunikation sind sie durchwegs keine Weltmeister, und schon gar nicht in der schriftlichen. Das lässt sie in einer Epoche der medial multiplizierten, beliebigen Vielrederei wenig überzeugend wirken. Denn ihr Genius, ihre Stärke liegt in der Beziehung zum Pferd, ihr Wort ist das herrlich gerittene Pferd, dessen Betrachtung uns ins Herz geht. Überdies wirken sie zu Fuß, ohne Pferd mit ihrer körperlichen Präsenz meist nicht stark, weil ihre Idealgröße nur 172 cm bei schlanker Statur beträgt. Vielleicht sind das genug Gründe für ihre überwiegend ahnungslosen Vor-Gesetzten, sie herablassend zu behandeln. Vielleicht aber liege ich mit dieser meiner Vermutung falsch.

Und so nahm das Verhängnis seinen Lauf. Nach dem freiwilligen Abgang des großartigen Ersten Oberbereiters Arthur Kottas-Heldenberg 2003 musste die Hierarchie an der Spanischen Hofreitschule neu geordnet werden.

DIE SUSPENDIERUNG DES ERSTEN OBERBEREITERS KRZISCH

Infolgedessen „übernahm Klaus Krzisch – gemeinsam mit den beiden anderen Oberbereitern Johann Riegler und Wolfgang Eder – die Leitung der reiterlichen und ausbilderischen Arbeit an der Spanischen Hofreitschule. Am 1. März 2006 wurde Krzisch offiziell zum 'Ersten Oberbereiter' ernannt und rückte damit an die Spitze des Bereiter-Teams: Es war die ehrenvolle Krönung seiner beruflichen Laufbahn – die schon wenige Jahre später jäh enden sollte".[75]

2008 wurde gegen den Ersten Oberbereiter Krzisch ein Disziplinarverfahren eingeleitet, und die Geschäftsführung suspendierte ihn. Es sei infolge seines Verhaltens „gegenüber Mitarbeitern und Vorgesetzten seiner Dienststelle zu erheblichen Spannungen gekommen".[76] „Diese Vorfälle betrafen beleidigende Äußerungen des Beschwerdeführers gegenüber Reiterinnen sowie Äußerungen desselben, welche im Zuge eines Fernsehinterviews getätigt wurden".[77]

„Primär wurde zunächst die Gefährdung der Aufrechterhaltung des Dienstbetriebes als wichtiges dienstliches Interesse sowie die dienstrechtlichen Spannungen angeführt. Sekundär wurden auch die Kritikpunkte des Rechnungshofberichtes aus dem Jahr 2008 und das Bezugssystem der Oberbereiter, welches aus wirtschaftlicher Sicht zu teuer sei, angeführt."[78] Außerdem habe er unerlaubt Interviews gegeben und damit gegen Weisungen der Geschäftsführung verstoßen.

Obwohl international begehrter Trainer namhafter Kunden, war Krzisch mit der Dienstfreistellung nicht zufrieden. Die Schule habe ihm so viel gegeben, es sei nun Zeit, ihr etwas zurückzugeben und sie vor Qualitäts- und Traditionsverlust zu bewahren. Besonders erschütterte ihn auch, dass er nicht mehr zu seinen geliebten Hengsten kommen durfte, nicht einmal zu seinem greisen Siglavy Mantua I, seinem Lebens- und Bravourpferd. Er wehrte sich mit Hilfe eines brillanten Anwalts, bekam Recht und wurde 2014 freigesprochen. „In Ansehung der Äußerungen im Fernsehinterview ging die Disziplinarkommission davon aus, dass diese Äußerungen vom Grundrecht des Beschwerdeführers auf Meinungsfreiheit gedeckt gewesen seien, welches ihm auch nicht durch dienstbehördliche Weisungen beschränkt werden dürfe."[79] Außerdem bestritt Krzisch „mit umfangreichem Beweisangebot" „die ihm vorgeworfenen beleidigenden Äußerungen gegenüber Reiterinnen ausdrücklich".[80]

...MIR IST DER B WURSCHT...

Zwischen dem Ersten Oberbereiter Krzisch und Ernst Bachinger, der als „Direktor der Reitbahn" von der Politik eingesetzt worden war, kam es zu ernsten Konflikten, wie der Verwaltungsgerichtshof vermerkte: „Angebliche eigenmächtige Pferdeeinteilung entgegen der Anweisung von Herrn Prokurist B mit den Worten '..ich teile die Pferde ein, mir ist der B wurscht'"[81] Jahrhunderte lang bestimmte der (Erste) Oberbereiter das Geschehen in der Winterreitschule. Nun sollte das anders sein. Was aber zu Reibereien führte, denn: „Wenn zwei auf einem Pferd reiten, muss einer hinten sitzen", lautet das Sprichwort. 2008 lenkte Oberbereiter Krzisch ein und unterfertigte ein Papier, auf welchem er die Dominanz des Bereiters Bachinger anerkannte und die Ausweitung des Vorführungsprogramms akzeptierte.

Der Friede sollte nicht lange währen. „In den darauffolgenden Jahren kam es wiederum zu dienstrechtlichen Spannungen und wurde wegen diesen...von der Disziplinarkommission am 22. September 2010 ein weiteres Disziplinarverfahren eingeleitet."[82] Doch 2012 wurde Krzisch „von allen Vorwürfen freigesprochen."[83]

Aber die Geschäftsführung wollte diese beste, hervorragendste Reiterpersönlichkeit der Spanischen Hofreitschule unbedingt loswerden, und zwar mittels eines „amtswegigen Pensionierungsverfahrens".[84] Der Grund: „Es ist davon auszugehen, dass - auch im Rahmen der freien Meinungsäußerung gem. Artikel 10 EMRK - getätigte Vorwürfe und auch persönliche Angriffe auf die Geschäftsführung der Spanischen Hofreitschule - bei Ihrer Rückkehr nicht vergessen und vergeben wären. Vielmehr ist das Vertrauensverhältnis so gestört, dass eine gemeinsame weitere Tätigkeit nicht möglich ist."[85] Wiederum obsiegte Krzisch 2014 vor dem Verwaltungsgerichtshof. Doch an seine geliebte Spanische Hofreitschule sollte er nie wieder kommen, war er doch mit einem Betretungsverbot belegt. Obwohl er die Rechtssache gewann und weiterhin sein Gehalt von der Reitschule bezog, ließ die Geschäftsführung ihn nicht mehr seinen Beruf ausüben. Soweit sparsames, nachhaltiges Wirtschaften.

„Im Juli 2015 erreichte Krzisch schließlich das gesetzliche Pensionsalter und hat nun auch keine rechtliche Möglichkeit mehr, seine Wiedereinstellung zu erreichen. Heute ist Klaus Krzisch international gefragter Dressur-Ausbilder."[86]

TEILE UND HERRSCHE

Was für eine verkehrte Welt: Derjenige, welcher der Reitschule die beste künstlerische Qualität hätte bringen können, wurde abgewürgt, damit die „Geschäftsführung" sich nicht mehr mit „Spannungen" konfrontiert sehen musste. Ein nicht gerade selbstbewusstes Management. Im Sinne von „Divide et impera" profitierten andere vom Ausschluss Krzischs: Wolfgang Eder wurde Erster Oberbereiter, Bereiter Herwig Radnetter administrativer Leiter der Reitbahn, Oberbereiter Andreas Hausberger Leiter des Trainingszentrums in Kleinwetzdorf. Um diese Neustrukturierung zu bewerkstelligen, bedurfte der „Ausschuss des Aufsichtsrats der Spanischen Hofreitschule" übrigens einer – sicher nicht kostengünstigen – „Management- Potential-Analyse der Personalberatungsfirma S & P".[87] Der unbefangene Beobachter der Sachlage fragt sich: Wozu brauchte man für eine einfache Personalentscheidung den Sanctus von Standard & Poor's? War man zu feig oder inkompetent für eine eigene Entscheidung?

Neben Krzisch revoltierte auch ein weiterer großartiger Oberbereiter gegen das Regime der Geschäftsführung Gürtler, nämlich Johann Riegler. Er erinnert sich: „'Sie hatte damals einfach die Anzahl der Vorführungen verdoppelt. Ich habe ihr gesagt, das gehe nicht.' Kritik kam nicht gut an. Riegler, damals seit 39 Jahren an der Spanischen Hofreitschule tätig, davon 16 Jahre als Oberbereiter und zuletzt stellvertretender Leiter der Reitbahn, wurde dienstfrei gestellt. Darüber war Riegler nicht wirklich böse: 'Ich habe immer gesagt, wenn die Schule nur noch für die Touristen da ist, dann gehe ich.'"[88] Angenehm für die Geschäftsführung.

ERNST BACHINGER: EIN COMEBACK

Ernst Bachinger begann seine Laufbahn an der SRS 1959 und absolvierte die Ausbildung bis zum Rang eines Bereiters. „1978 verließ er die Spanische, da er seine Zukunft eher im Dressursport und in der Arbeit als Trainer sah."[89] Im Raum Niederösterreich erarbeitete er sich den Ruf einer anerkannten Autorität für Dressurreiterei. Nach 28 Jahren kehrte er 2006 als „Leiter der Reitbahn" an die Hofreitschule zurück. Es gab damals bereits drei Oberbereiter. Wozu also noch einen zusätzlichen Häuptling für gerade einmal 15 Indianer? Wollten Aufsichtsrat und Geschäftsführer Aigner damit etwa Kosten sparen? Wohl kaum. Denn Ernst Bachinger wurde vom Verwaltungsgerichtshof „Prokurist" genannt. (Vgl. oben.) Und ein solcher verdient „schön". Es musste außerdem allen, die auch nur ein wenig Einblick in die Funktionsweise der SRS hatten, klar sein, dass mit dieser Ernennung das Hierarchiegefüge stark ins Schwanken kam. War das Absicht?

EXISTENZBERECHTIGUNG NIEDERÖSTERREICHISCHES HERZ ?

Nein. Es war den Entscheidungsträgern einfach „wurscht", was sie da anrichteten, da sie anderes bezweckten. Niederösterreichs Landeshauptmann Erwin Pröll überreichte zum Abgang Ernst Bachingers 2012 diesem „das Goldene Ehrenzeichen für Verdienste um das Bundesland Niederösterreich". Denn: „'Bachinger lebt und wohnt nicht nur in Niederösterreich, sondern

Pas de deux: Die Bereiter Herbert Seiberl & Florian Bacher in Heldenberg,
Fotos: © Werner Poscharnigg.

hat auch ein niederösterreichisches Herz‘, erläuterte Pröll weiter. Er habe einen ganz entscheidenden Beitrag dazu geleistet, die Grundstimmung in der Spanischen Hofreitschule so zu tragen und zu lenken, dass ein klares ‚Ja‘ zum Standort Heldenberg als Sommerquartier realisiert werden konnte.“[90] Ob das Ernst Bachingers Existenzberechtigung 2006 bis 2012 an der SRS war? Wer weiß.

REITKUNST AUF „NEUES NIVEAU“ GESTELLT

Am Anfang seiner neuen SRS-Karriere gab sich Ernst Bachinger noch bescheiden: „Ob er selber wieder den Zweispitz aufsetzen wolle? Dafür sei er körperlich nicht mehr 'in Form'...Aber draufsetzen werde er sich schon..., in Reitgewand ja, aber nicht in Uniform.“[91]

Doch dabei blieb es nicht. Gerade in einer Zeit, als die überragende Qualität der SRS in negatives Gerede gekommen war, ritt Ernst Bachinger übermütig öffentlich und in Uniform. Bedauerlicherweise nicht so, wie es ein „Direktor der Reitbahn“ seiner Spanischen Hofreitschule schuldig gewesen wäre.

Nicht nur bei einem Auftritt anlässlich der Herbstparade 2009 in Piber zeigte Ernst Bachinger seine Auffassung von klassischer Reitkunst. Er ritt damals die Königsdisziplin der Spanischen, das Solo „Alle Gänge und Touren der Hohen Schule“ einhändig auf blanker Kandare zur dafür üblichen Musik. Zusammen mit dem Jahrhunderthengst Siglavy Mantua I war dieses Solo jahrelang die international bewunderte Glanznummer des Ersten Oberbereiters Klaus Krzisch gewesen. Offenbar wollte Bachinger damit signalisieren, er könne das als neuer Reitbahnleiter auch.

Obwohl er ohnehin ein von Oberbereiter Johann Riegler ausgebildetes Pferd ritt, empfanden Experten die Verrichtung als peinlich. Denn, wie ein Video und Fotos bewiesen, zeigte Ernst Bachinger auffällige „Eigenheiten“, die man von einem Chefreiter der Spanischen nicht erwartete. Einher mit solchen Fehlern ging natürlich ein Autoritätsverlust gegenüber seinen Untergebenen.

Klarerweise konnten ihn Künstler vom Kaliber eines Klaus Krzisch oder Johann Riegler nicht als reiterliche Führungspersönlichkeit anerkennen, waren sie ihm doch haushoch überlegen. Es fiel damals angeblich der Satz: „Ernstl, dei Zeit is vorbei.“ Übrigens: Zu Ernst Bachingers „Hauptaufgaben gehören die Unterstützung der Gesellschaft in der Bewahrung der mündlich überlieferten Tradition der Hohen Schule der klassischen Reitkunst und die Sicherung der Qualität in der Ausbildung bei Reitern und Pferden“, tönte damals die Homepage der Spanischen. Weiters behauptete man kühn: „Mit dem neuen Direktor der Reitbahn, Ernst Bachinger, sei die Pflege der klassischen Reitkunst 'auf ein neues Niveau gestellt' worden“.[92] Internationale Experten zeigten sich von diesem „neuen Niveau“ alarmiert.

Solch neue Qualität offenbarte sich u. a. in einer Fund-Raising-Gala 2009 mit vier Dressurreiterinnen, einem Event, das besonders dem Ersten Oberbereiter Krzisch sicher helle „Begeisterung“ abgerungen haben muss: „Auf dem Programm stehen neben einer speziell choreographierten Schulquadrille der vier Frauen gemeinsam mit vier Oberbereitern ein Pas de deux von Ernst Bachinger, dem Direktor der Reitschule, und seiner mitreitenden Frau Eva-Maria."[93] Der ORF berichtete: „Max-Theurer reitet ebenfalls auf Lipizzanern…'Es ist echt super und macht irrsinnig viel Spaß', meinte sie".[94] Nett, nicht?

Ernst Bachinger tappte übrigens tragikomischerweise am 26.10.2010 in eine üble Falle, als er tollpatschig in der ORF-Fernsehsendung „Wir sind Kaiser" auf das Gnadenloseste vorgeführt wurde, sehr zur Freude seiner Nicht-Freunde. Ob viele Leute seinen Auftritt dort als positiv für das Image der Spanischen Hofreitschule gewertet haben?[95]

SELBSTMORD EINES „ABSCHUSSKANDIDATEN"

In krassem Gegensatz zu oben erwähnten Lächerlichkeiten offenbarte sich 2011 der tragische Tod von Harald Bauer, welcher als blutiges Fanal der Epoche leider nur allzu kurzes Aufsehen erregte. „Harald Bauer, langjähriger Bereiter an der Hofreitschule, hat sich…in den Räumlichkeiten der Spanischen das Leben genommen. Als Grund für den tragischen Freitod werden Überforderung und der immense Druck kolportiert, dem die Reiter des Instituts aufgrund der wirtschaftlichen Sanierung durch die aktuelle Geschäftsleitung in den vergangenen Jahren ausgesetzt seien. Damit werden die Anschuldigungen des Freundeskreises der Spanischen Hofreitschule, die erst vor wenigen Tagen in einer Pressekonferenz erneut aufgebracht worden waren, aufgenommen und medienwirksam verwertet."[96]

„Für seine beste Freundin Sabine H. (41) ist klar: 'Harald war ein sensibler Mensch. Er war dem enormen beruflichen Druck und dem unmenschlichen Führungsstil in der Reitschule nicht mehr gewachsen.'…So sei über die Mitarbeiter ein 'Maulkorberlass verhängt worden.' Jede Kritik wurde im Keim erstickt, Aufmüpfige sofort entfernt. Für Harald, der ein wahrheitsliebender Mensch war, ein unerträglicher Zustand, so die Freundin…Außerdem habe die neue Führung statt Zusammenhalt und Vermittlung von Knowhow Neid und Intrigen gefördert. Folge: Die Qualität der Schule litt. 'Harald hat gesehen, wie die Tradition den Bach hinuntergeht', erzählt PR-Beraterin Sabine. Schließlich habe der Bereiter die psychische Belastung nicht mehr ertragen…Vonseiten der Hofreitschule heißt es: 'Alles nicht wahr. Herr Bauer war ein Abschusskandidat. Er war dem Alkohol und der Spielsucht verfallen, hatte hohe Schulden.'"[97] Wenig einfühlsame Abschiedsworte für einen verzweifelten Selbstmörder.

In diesem Zusammenhang sei noch ein weiterer tragischer Tod eines SRS-Bereiters erwähnt. Über das Ableben des 32-jährigen Christopher Egger im Jahr 2024 und über sein Verhältnis zur „Spanischen" gibt es zwar düstere Gerüchte, jedoch keine seriös berichtbaren Fakten.

DER „FREUNDESKREIS“

In diesen turbulenten Jahren scharte sich um den unerschütterlich für die Tradition und seine Wiederaufnahme in die SRS kämpfenden Ersten Oberbereiter Klaus Krzisch ein „Freundeskreis der Spanischen Hofreitschule“. Wie erwähnt, Krzisch hätte sich – wie andere - ein bequemes Leben als weltweit anerkannter und gesuchter Trainer machen können. Doch die „Schule“ war für ihn eine Ehren- und Herzenssache. Er war damals an mich herangetreten, damit ich die schwierige Lage für die Homepage des Vereins verschriftliche, eine Aufgabe, der ich gerne nachkam. Hier einige Auszüge aus dem Dokument von 2010, das die Stimmung während der aufflammenden Hofreitschulkrise dokumentiert:

*

© 2010 Dr. Werner Poscharnigg:

HILFE!
DIE SPANISCHE HOFREITSCHULE IN WIEN LAHMT ARG!
KÄMPFEN WIR GEGEN DIE QUALITÄTSKRISE!
ANALYSE BESORGTER PFERDELEUTE AUS ÖSTERREICH

VERLORENER GLANZ

Unsere Spanische Hofreitschule in Wien befindet sich in ihrer tiefsten Krise seit 1945. Und es ist die erste Qualitätskrise seit ihrem über 400-jährigen Bestehen.

HERZENSANLIEGEN: EXZELLENZ UND REINHEIT

Als Verfasser dieser Zeilen weise ich ausdrücklich darauf hin, dass mein Ziel keinesfalls irgendeine Kritik an einzelnen erwähnten Personen ist. An diesen einzelnen Personen liegt mir nichts. Als Österreicher, der seine Spanische Hofreitschule liebt und verehrt; als Mensch, der das Pferd und den kultivierten Umgang mit ihm liebt, ist es mir Ehre und Pflicht, auszusprechen, dass eine große Gefahr vorliegt für das, was ich liebe.

Und ich freue mich, dass es nunmehr einen Freundeskreis gibt, der offenbar so fühlt wie ich. Die Spanische Hofreitschule hatte im Verlauf ihrer über 400-jährigen Geschichte schwere Krisen zu überstehen.

Wir alle, die wir diese Zeilen lesen, müssen helfen, diese derzeitige Krise zu überwinden, um die Institution in ihrer Einzigartigkeit und unerreichten Qualität zu bewahren. Die nächsten 400

SRS in Heldenberg. Fotos: © Werner Poscharnigg.

Jahre der Spanischen werden vermutlich ebenfalls nicht ohne Turbulenzen verlaufen. Doch immer wird es Menschen geben, denen die Exzellenz und Reinheit unserer Reitschule und klassischen Reitkunst ein Herzensanliegen bleibt. …

Die zwei erfahrensten Oberbereiter, Klaus Krzisch und Johann Riegler, beide gelten unter Kennern als derzeit beste Vertreter der klassischen Reitkunst weltweit, wurden von der Geschäftsführung vom Dienst freigestellt. Man erfährt nicht, warum das Management diese hochkarätigen Künstler, die jahrzehntelang zum Ruhm der Reitschule beitrugen, nicht mehr brauchen will. Es kursieren seriöse Berichte von massivem Qualitätsverlust bei öffentlichen Auftritten der „Spanischen", von verlorenem Glanz, sogar von Maulbluten, von Lahmheiten, von offensichtlichen Reitfehlern, von unsauberen Uniformen. Der Ruf eines Nationalheiligtums ist nun angekratzt. Zum „Freundeskreis der Spanischen Hofreitschule" haben sich internationale Pferdeleute von Rang und Wissen zusammengeschlossen, damit das Institut nicht zum Touristenzirkus und zur vulgären Sportdressurstätte in historischer Uniform gerät. An der Spitze dieser besorgten Pferdeleute steht jemand, der es wissen muss: Der erfolgreiche ehemalige Leiter der Spanischen Hofreitschule und des Gestüts Piber, Jaromir Oulehla.

Dabei galt die Spanische Hofreitschule unter allen Experten international als die Fackelträgerin höchster, feinster Reitkultur auf dem Planeten, unangefochten überlegen vergleichbaren Instituten in Jerez, Saumur, Lissabon und allen anderen. Die Reiter der Spanischen waren bislang die Wiener Philharmoniker der Reitkunst. Nun steht zu befürchten, dass sie auf dem Weg zur barocken Showcrew in der Tourismusbranche sind. …

Wer mit einem Lipizzaner der Spanischen glanzvoll reiten will, muss das können. Wer Gelegenheit hatte, hinter die Kulissen des Hotelgewerbes zu blicken, weiß, dass es dort nicht sehr elegant zugeht. Die Methoden dieser Branche bekommen dem edlen Lipizzaner nicht. Er tut, weil er muss. Aber mehr tut er nicht. Das Sublime, das Großartige reitet nur der einfühlsame Könner aus ihm heraus, der ihn seit langem von Grund auf kennt. Welcher denkende Mensch hätte einen Hotelier als Leiter der Philharmoniker eingesetzt, wäre ihm die Macht gegeben? Oder einen Agrarökonomen als Geschäftsführer der Staatsoper? Oder einen „Zuckerbaron" als Aufsichtsratsvorsitzenden der Bundestheater? Bei den Schimmerln, dachten sich die Staatslenker in ihrer unergründlichen Weisheit, würde das schon gehen. Wer die Hofreitschule leitet, hat nicht nur „Personal" unter sich, sondern auch Künstler. …

Pferde verfügen über ein ungemein feines Sensorium für Stimmungen, für Unbehagen und übernehmen diese in ihr Bewegungsrepertoire. Sie erfühlen Feindseligkeit und Frustration wesentlich besser als Menschen. Dann arbeiten sie verspannt, unschön. Die Reiter müssen dann zu derberen Hilfen greifen, um die Kontrolle zu gewährleisten. Daher die Beobachtung der internationalen Presse und der Fachleute, dass etwas mit unseren Lipizzanern nicht mehr stimmt. Sie gehen einfach nicht mehr so entspannt und würdevoll grazil, weil sie den Krampf im Hintergrund spüren. Abgesehen von evidenter Show-Überlastung. …

Der „*Freundeskreis der Spanischen Hofreitschule*…war mit einem offenen Brief an die Öffentlichkeit getreten. Die Unterzeichner – darunter der ehemalige Leiter der Institution, Jaromir Oulehla – hatten u. a. an den durchgeführten Sparmaßnahmen und der Verdoppelung der Vorführtage Kritik geübt.“[98]…

Die oft haarsträubenden, inhumanen Ausbildungsmethoden vieler Sportdressierer entsprechen keineswegs dem klassischen Weg der Wiener Schule. Also: Wie will sich das aktuelle Hofreitschulmanagement dem modernen Dressursport andienern? Auf welchem Sektor immer: Es bedeutet den Verlust der geheiligten klassischen Prinzipien und wird zu der von Podhajsky stets so gefürchteten Verflachung führen. Nämlich zur Touristen-Event-Truppe mit schönen Schimmerln, so süß wie unsere Mozartkugeln. Oder zum minderwertigen Abklatsch moderner Sportdressur, aber eben in historischer Uniform. So wenig wie sich die Wiener Philharmoniker an einem – sagen wir – André Rieu orientieren, darf sich die Spanische Hofreitschule am populären Dressursport messen. …

DER SPANISCHEN HOFREITSCHULE WAHRHAFT DIENEN

- Ist es nicht absolut merkwürdig, dass jemand, der noch niemals bereiterlich in der Lage war, selbst einen Hengst von der Koppel bis zur Kapriole zu schulen, sich massiv in die fachliche Leitung der Spanischen einmischt und dann sein Urteil über das der erfahrensten Oberbereiter stellt? Besteht da nicht die Gefahr, dass die Exzellenz unser Hofreitschule zugrunde geht?
- Ist es tatsächlich wahr, dass als beurteilender Sachverständiger jemand durch die Hofreitschule spaziert, der einen Provinzstall betreibt und reiterlich weit unter dem Niveau der Oberbereiter steht? Das wäre entwürdigend, wie wenn der Dirigent einer örtlichen Blaskapelle den künstlerischen Standard der Wiener Philharmoniker überwacht, nur weil er gerichtlich beeideter Musiksachverständiger ist.
- Kann die derzeitige Führungsriege erkennen, was es bedeutet, der Spanischen Hofreitschule wahrhaft zu dienen? Glaubt sie, der moderne Dressursport sei der Spanischen sowieso überlegen? Hat sie das Wesen der klassischen Reitkunst erfasst?

Eine Persönlichkeit, die über die nötige Sachkenntnis verfügt, stellt fest, dass es gut zwei Jahre brauchen wird, um die Spanische Hofreitschule wieder auf ihr klassisches Niveau zu bringen.

EIN KAISERLICHES HOBBY PROFITABEL FÜHREN?

Hat die Politik im Übermut ihrer Macht und der damit verbundenen Unkenntnis bei der Auswahl der Führungspersönlichkeiten für die Spanische Hofreitschule kläglich versagt? Die Idee, dass ein vorher kaiserliches Hobby profitabel zu führen sei, ist schlicht und ergreifend dumm. Eine Pferderasse zu züchten, für die es nur einen minimalen Absatzmarkt gibt, wird immer Zuschuss von außen brauchen. Und die Milchmädchenrechnung, dass doppelt so viele Vorführungen doppelt so viele Einnahmen bringen, scheitert am künstlerischen Niveau. Und wenn dieses nachlässt, entsteht unwiederbringlicher Schaden.

Vielleicht kommt bald der nächste geniale Manager auf die Idee, DREImal so viele Vorstellungen bringen DREImal soviel in die Kassa. Dafür kriegt er sicher einen fetten Bonus. Und die breite Masse der Zuschauer merkt ohnehin nicht, wenn sich die klassische Reitkunst von der Spanischen Hofreitschule verabschiedet. Die weißen Pferderln traben, Applaus ist da, die Kassa stimmt. Na bitte. Erfolgreiches Management.

Es ist so traurig: Als unsere Republik bettelarm war, nach dem 1. und 2. Weltkrieg, gab es nie eine folgenreiche Diskussion darüber, ob wir uns die Spanische und Piber leisten könnten. Erst nun, wo Österreich als eines der reichsten Länder der Welt gilt, meckern Politiker und ihr Anhang, dass die Institution zu teuer sei.

Das Wesen der Spanischen Hofreitschule ist nicht die ausgeglichene Bilanz, sondern die Fortführung der reinen Lehre klassischer Reitkunst. Die Hofreitschule ist etwas Künstlerisches, nicht Landwirtschaftliches, Wirtschaftliches. Sie kam einst auch nur zufällig an das Bauernressort. Die Spanische Hofreitschule ist auch nichts Sportliches. …

DAHER WÄRE ES GÜNSTIG, WENN:

- Man die Spanische Hofreitschule und das Bundesgestüt Piber wieder verstaatlichen würde. Denn dann bräuchte man auch keinen (wahrscheinlich teuren) Aufsichtsrat. (Denn dieser trat bisher nicht besonders glorreich in Erscheinung…)
- Man einen Ersten Oberbereiter als künstlerischen Leiter einsetzt, welcher sich der historischen Mission des Instituts bewusst und reiterlich wie menschlich in der Lage ist, von seinen Kollegen als Führungsperson anerkannt zu werden, um sie im Sinne der Mission für die Zukunft zu prägen. Das wäre ungemein wichtig!!!
- Das Gestüt Piber jederzeit über einen kompetenten Tierarzt als Zuchtdirektor verfügt. Er/sie muss beste Kenntnisse der Lipizzanerstämme haben und in Zusammenarbeit mit dem künstlerischen Leiter die besten Anpaarungen finden, die Rasse gesund und geeignet für die Hofreitschule erhalten. Eine unternehmerisch denkende Persönlichkeit könnte das Terrain Piber in der Tat profitabel führen, wie zahlreiche Großgrundbesitzer anderswo beweisen.
- Man für das ganze Konstrukt eine unabhängige kaufmännische Leitung ernennt, welche, ohne Konzerninteressen, überwacht, ob die Spanische und Piber gesund wirtschaften.
- Man wenigstens die Spanische Hofreitschule an das Bundesministerium für Unterricht, Kunst und Kultur abtreten würde. Wahrscheinlich fände sich dort mehr Verständnis für die künstlerisch-kulturelle Mission des Instituts. Die sachliche Zuständigkeit wäre absolut gegeben. (Der Landwirtschaftsminister regiert ja auch nicht das Burgtheater.)
- Man die Spanische Hofreitschule so strukturiert wie die Wiener Philharmoniker. Solches Prinzip – nämlich wirklich eigenständige Selbstverwaltung - funktioniert auch beim Verwaltungsgerichtshof, der seine Hofräte selbst ernennt. Die Bereiter entscheiden dann selbst, wer ihr Chef und kaufmännischer Leiter ist; die Politik kann dann keine ungeeigneten Günstlinge einsetzen.

(Mag. Dominik Konlechner beriet mich bei der Verfeinerung meines Artikels juristisch und ergänzte in brillanter Weise einige meiner Gedanken. Dr. Josef Offenmüller danke ich für gediegene fachliche Beratung und Details.)

*

In der Tat erregte der „Freundeskreis der Spanischen Hofreitschule“ medial und in Fachkreisen sehr viel Aufsehen und Aufmerksamkeit. Es kam in der Folge zu Rechtsstreitigkeiten zwischen ihm und der Geschäftsführung der SRS. Insgesamt alles sehr unangenehm, unerfreulich.

Gesandt wurde 2010 auch ein „Offener Brief an Herrn Bundesminister D.I. Niki Berlakovich - Spanische Hofreitschule/Bundesgestüt Piber …

Sehr geehrter Herr Bundesminister!

Mit großer Sorge müssen wir, die Unterzeichner, als der Spanischen Hofreitschule seit Jahren intensiv verbundene Fachleute und Freunde feststellen, daß in den letzten Monaten kritische Stimmen aus dem In- und Ausland zunehmen, die einen deutlichen Qualitätsverlust in der Spanischen Hofreitschule aufzeigen. Unsere Wahrnehmungen, aber auch die anderer Experten bestätigen diesen Eindruck.

Ausfälle durch Lahmheit bis hin zu Verletzungen bei den Hengsten, Ausdünnung der klassischen Vorführungen und Nachlassen der bisher unvergleichlichen Qualität hinsichtlich Exaktheit, Glanz und Eleganz der Darbietung, werden unter anderem auf die durchgeführten Sparmaßnahmen und auf die Verdoppelung der Vorführtage zurückgeführt. Dadurch werden die Hengste überlastet und die Zeit für notwendige Korrekturen bei einzelnen Programmpunkten beschnitten…“[99]

Diese und andere valide Argumente schienen den Landwirtschaftsminister jedoch nicht zu interessieren, denn er fühlte sich nie bemüßigt, auf diesen Brief zu antworten, welchen hunderte von hoch- und höchstkarätigen Pferdeleuten weltweit unterschrieben hatten.

Die erwähnten Rechtssachen zwischen dem „Freundeskreis“ und der Geschäftsführung bezogen sich niemals auf inhaltlich-sachliche Fragen, sondern nur auf formaljuristische Dinge wie den Namen „Freundeskreis der Spanischen Hofreitschule“. Die gerichtlichen Auseinandersetzungen zwischen der Geschäftsführung und dem suspendierten Ersten Oberbereiter Klaus Krzisch zogen sich über Jahre hin. Mit seinem brillanten Anwalt Mag. Dominik Konlechner gewann Krzisch zwar alle Prozesse. Doch zurück in die „Schule“ ließ man den tapferen, ehrenwerten Oberbereiter nicht.

Mittlerweile ging der Aufführungsalltag der „Spanischen“ seinen Lauf und erntete so manch vernichtende Kritik. Nicht immer zu Unrecht. Als ich mir damals eine Gala in der Winterreitschule ansah, stimmten mich vor allem die Darbietungen von Schulen über der Erde nachdenklich und enttäuschten mich aufrichtigen Verehrer der Spanischen Reitschule ziemlich. Ärger noch eine Show in Kleinwetzdorf / Heldenberg, welche ich per Video eines Freundes betrachten konnte. Auch wenn es schwer sein mag, in Kleinwetzdorf glanzvoll zu reiten, wirkte das Dargebotene doch übertrieben bescheiden.

Daher lautete die Presseaussendung des „Freundeskreises":

„Sinkt die Spanische Hofreitschule auf Volksschulniveau??...Die groß angekündigte Galavorstellung der Spanischen Hofreitschule am Heldenberg vom 2. Juli 2011 zeigte erneut, dass das einst so hohe und für die gesamte Reiterwelt maßgebende Niveau weiter im Sinken begriffen ist und die seit Jahren nicht verstummenden, warnenden Stimmen leider wieder Recht behalten haben...Die Schulquadrille lässt die Exaktheit der Linienführung, die Biegungen in den jeweiligen Lektionen und die daraus entwickelte Harmonie und Grazie völlig vermissen. Was hier gezeigt wurde, ist das Niveau einer mittelmäßigen Reitschulquadrille."[100]

PFERDE SO SPARSAM WIE MÖGLICH EINSETZEN

Eine Einschätzung, welcher zuzustimmen ist. Warum jedoch? Sicherlich, die stringente Führung der Oberbereiter Krzisch und Riegler war weg. Doch weshalb solch ein Qualitätsschwund?

Mein Interview 2021 mit Oberbereiter Herbert Seiberl lässt tiefer blicken: „Dass wir viele, zu viele Vorführungen reiten mussten, ist bekannt. Aber das haben wir hinter uns gelassen, und eigentlich würde ich gern mehr in die Zukunft schauen. Die Vergangenheit können wir nicht mehr ändern. Es ist passiert. Ich war damals nicht dafür verantwortlich. Ich war damals Bereiter und musste das machen, was mir aufgetragen wurde. DAS TATEN WIR MIT BESTEM WISSEN UND GEWISSEN, DAMIT WIR UNSERE PFERDE SO SPARSAM WIE MÖGLICH EINSETZTEN, UM SIE GESUND ZU ERHALTEN. Und Gott sei Dank haben wir die Zeit überstanden, und jetzt blicken wir positiv und mit Freude in die Zukunft."[101]

Diese Aussage relativiert doch vieles. Der sparsame Einsatz der Pferde sollte den unerbittlichen Ausbeutungsdrang der Geschäftsführungen ausgleichen. Es ist, wie wenn der Reiter von seinem Pferd allzu viel mit unlauteren Methoden verlangt. Das Ross wird dann mit den Mitteln des passiven Widerstandes sich den übermäßigen Anforderungen widersetzen und Dienst nach Vorschrift machen, jedoch keine künstlerische Höchstleistung vollbringen. Besonders Schulen über der Erde sind nicht beliebig oft reproduzierbar.

Schulen über der Erde an der Hand. SRS in Piber. Fotos: © Werner Poscharnigg.

MEILENSTEINE ÖSTERREICHISCHER REITKUNST

Schon vor 2010 hatte mich das Geschehen um die Spanische Reitschule beunruhigt und bedrückt. Die historische Kontinuität dieser Kultur schien mir aufgrund unwissender Geschäftsführungen gefährdet. Als Kind der Nachkriegsära empfinde ich die „Hofreitschule“ als etwas absolut Österreichisches. Und das aufgrund jahrhundertelanger Tradition, welche unsere österreichische Kultur verkörpert.

Es gibt zwar viel Literatur betreffend die Lipizzaner der Spanischen Hofreitschule Wien, doch wenig bis nichts zur spezifisch österreichischen Reitkunst. Ihr auf die Spur zu kommen, beschäftigte mein Hirn und meinen Forschungsdrang während der Hofreitschulkrisenjahre, welche übrigens bisher nicht endeten. Ich explorierte die Vergangenheit, um herauszufinden, warum diese Kulturform bis in unsere Gegenwart so überragend gedeihen konnte.

Als ich dann im Herbst 2013 mein – übrigens in den USA erschienenes – Buch auspackte, blitzte in mir in diesem Augenblick eine seltsame Inspiration auf: „Der Chef der Spanischen Hofreitschule sollte diese geheiligten Grundsätze österreichischer Reitkultur persönlich verkünden.“ Eine sehr unrealistische Eingebung, war doch die Prinzipalin der Hofreitschule Elisabeth Gürtler. „Wer nicht fragt, hat schon ein Nein“, dachte ich und unterbreitete ihr schriftlich den Vorschlag einer gemeinsamen Lesung in der Winterreitschule. Sie, die Geschäftsführerin der Institution, sollte selbst aussprechen, was unsere Reitkunst so überragend werden ließ. Und damit, dachte ich - wahrscheinlich naiv -, sollte sie den wahrhaften Weg für den ihr anvertrauten Schatz erkennen.

Das Skript, welches ich ihr für eine alternierende Lesung sandte, dachte ihr die Verkündung der hervorragendsten Prinzipien österreichischer Reitkunst zu. Wie sie mir sagte, hatte sie den Text mit ihrem Ehemann Helmut Lohner besprochen, diesem großartigen, unwiederbringlichen Schauspieler. Doch vorerst, durch fast zwei Jahre, gab es zwar nicht gleich ein Nein, doch nur unverbindliches Korrespondieren.

Als ich schon die ohnehin wenig begründete Hoffnung aufzugeben begann, piepste das Telefon an meiner Gürteltasche. Es war der Frühmorgen eines heißen Augusttages 2015, ich ritt gerade meinen Lipizzanerhengst *Favory*. Neugierig las ich die E-Mail: Lesung in 14 Tagen in der Winterreitschule mit Dkfm. Gürtler. Und zwar als Teil der 450-Jahr-Feiern der Institution. Werbung, Einladungen, Plakate, Catering seien meine Sache. Ich stieg ab, versorgte mein Pferd und begann zwei Wochen arbeitsamer Vorbereitungen.

Die Parterreloge der Spanischen Hofreitschule war voll ausgebucht. Fünf Minuten vor der Lesung kamen wir erstmals zusammen. Sie las mit mir voll professionell alternierend nach meinem Skript. Ich hatte ihr die schönsten Passagen klassischer österreichischer Reitkunst zugeteilt, in der Hoffnung, dass sie, die erfolgreiche Geschäftsfrau, deren Wert erkennt und repräsentiert. Der Empfang mit einiger Prominenz nach der Lesung im Foyer der Reitschule bot eleganten Raum für Fachgespräche und Plauderei. Jedenfalls bin ich Frau Gürtler für immer dankbar, dass sie solch großartige Bühne für die historische Substanz österreichischer Reitkunst ermöglichte. Mir ging und geht es stets darum, unser großartiges Kulturerbe weiterhin in voller Güte zu bewahren und zu überliefern.

Foto: Dr. Renate Prietl

Werner Poscharnigg und Elisabeth Gürtler lasen abwechselnd aus „Meilensteine österreichischer Reitkunst".

LESUNG IM ALLERHEILIGSTEN

Am 8. September lud Dr. Werner Poscharnigg anlässlich des 450-Jahr-Jubiläums der Spanischen Hofreitschule zu einer Lesung aus seinem Buch „Meilensteine österreichischer Reitkunst".

Schauplatz des Vortrags war die Winterreitschule in der Hofburg, heiliger Boden, den sonst nur die BereiterInnen in Uniform betreten dürfen. In der Parterreloge hatte sich ein illustres Publikum aus der österreichischen Dressurwelt versammelt, um dem alternierenden Vortrag von Dr. Werner Poscharnigg und Hausherrin Elisabeth Gürtler zu folgen. Unter den Gästen war auch der Botschafter des Königreichs Spanien Alberto Carnero Fernandez, der im Anschluss an die Lesung meinte, eine Übersetzung des Werkes ins Spanische unterstützen zu wollen. Eine englische Version des Buches ist kürzlich in den USA erschienen. Ausgewählte Passagen vermittelten kurzweilig und einprägsam das einzigartige Wesen österreichischer Reitkunst, wie sie schon Giovanni Battista Conte di Galiberto im ersten Reitlehrbuch Österreichs „Il Cavallo da Maneggio" 1650 beschrieb: „Im Gegensatz zu anderen alten Meistern der Zeit lehnt Galiberto Gewalt in der Pferdeausbildung ab. Diese pferdefreundliche Behandlung zieht sich durch die ganze Geschichte der österreichischen Reitkunst und zeichnet sie aus." (Zitat aus „Meilensteine österreichischer Reitkunst") Nach der Lesung unterhielt man sich noch lange im Foyer über Reitkunst und ließ das Gehörte nachwirken. Autor Poscharnigg freute sich sichtlich über das rege Interesse an seinem Werk: „Es wurde ein außergewöhnliches Zeichen gesetzt: Die Spanische Hofreitschule, welche sonst in täglicher Praxis mit den Pferden die Tradition immer wieder aufleben lässt, besinnt sich ihrer historischen Werte auf einer kontemplativen Zeitreise. So eine Lesung gab es im Allerheiligsten der Reitkunst noch nie. Und es freut mich sehr, dass Frau Diplomkaufmann Gürtler auf meinen Vorschlag einging und sich auch sehr genau mit dem Text befasste." EM

8 | PFERDEREVUE 11 | 2015

PARIS & HELDENPLATZ

Die Gürtler-Jahre wiesen trotz aller Widrigkeiten auch Glanzlichter auf. Unsere Spanische Hofreitschule trat – nach einer Premiere 2007 – im Jahr 2012 in Paris-Bercy auf, zusammen mit den französischen, spanischen, portugiesischen Reitkunstschulen; und sie machte dabei Österreich alle Ehre. Wer die Darbietungen der Équipe Autrichienne erleben durfte, dem ging das Herz vor Freude und Stolz auf. Korrektheit, Gelassenheit, Präzision, Schwung kennzeichneten den Auftritt, und eine großartige Bescheidenheit: Es wurde einfach hervorragend geritten, ohne davon viel Aufhebens zu machen. Angeberische Aufgeplustertheit hat unsere Reitschule nicht nötig. Auch unsere Lipizzaner konnten sich im Vergleich zu den Zuchtprodukten der anderen Reitschulen als Verkörperung des klassischen Ideals und ihrer Leistungsfähigkeit absolut sehen lassen.

Und wen das Pariser Ereignis nicht überzeugte, der konnte 2015 die Gala auf dem Wiener Heldenplatz anlässlich der 450-Jahr-Feiern der Spanischen Hofreitschule bewundern: Große Perfektion und eine überwältigende Quadrille mit zwölf Hengsten. Erster Oberbereiter Wolfgang Eder, Oberbereiter Andreas Hausberger und ihr Team bewiesen die grandiose Lebenskraft und sublime Qualität der Spanischen Hofreitschule. Diese Feierlichkeiten waren einfach herrlich: Die überragende Reiterei unserer Hofreitschule; die temperamentvollen Gäste der Real Escuela Andaluza del Arte Ecuestre. Ein durchaus himmlisches Spektakel.

Der Duft der anwesenden Piberer Stuten in der schwülen Juniluft und die Präsenz der Andalusier mag die Arbeit mit den Hengsten nicht unbedingt einfacher gemacht haben. Alle Pferdeleute bewunderten damals übrigens Rudolf Rostek, der seinen schweißgebadeten liebestollen Lipizzaner in vorbildlich dezenter Weise im Ordnungsrahmen hielt. Die reiterliche Exzellenz der „Schule" offenbarte sich an diesen Festtagen auf das Beste und ließ all die hässlichen Querelen und Niederungen des Alltags vergessen.

Außerdem war es 2015, als die Spanische Hofreitschule und die von ihr gepflegte Tradition der klassischen Reitkunst in die UNESCO-repräsentative Liste des immateriellen Kulturerbes der Menschheit aufgenommen wurde. Ein Jahr später kam das Wissen um die Zucht der Lipizzaner in das Nationale UNESCO-Verzeichnis des immateriellen Kulturerbes.

Lipizzanerhengst der SRS. Wien, Heldenplatz 2015. Foto: © Werner Poscharnigg

SRS, Wien, Heldenplatz 2015. Oben: Erster Oberbereiter Wolfgang Eder. Unten: Quadrille. Fotos: © Werner Poscharnigg.

SONJA KLIMA: WANDEL

Nach dem Abgang Gürtlers wurde 2019 die Volksschullehrerin, Exkanzler-Exgattin, Schmuckhändlerin, Ronald McDonald-Geschäftsführerin Sonja Klima Chefin der Spanischen Hofreitschule. An Pferde-Affinität hatte sie immerhin aufzuweisen, dass sie als Präsidentin des Badener Trabrennvereins wirkte und ein Gestüt in Marchegg mit ihrem Lebensgefährten betrieb. Elastizität stellte sie unter Beweis, indem sie trotz ehemaliger Ehe mit SPÖ-Altkanzler Viktor Klima den Wahlkampf der ÖVP-Frau Mikl-Leitner 2018 in Niederösterreich unterstützte.[102] Was sich auszahlen sollte.

DER „ÜBELSTE BESETZUNGSSCHACHER"

Wann immer es um schöne Posten in der Hofreitschule geht, kann man sich fragen, ob Johann Nestroys weiser Spruch „Da wird wohl auch was g'handelt wer'n" zutrifft.

In diesem Sinne berichtete die „Kleine Zeitung": „Der Beirat, dem neben Elisabeth Max-Theurer als Vorsitzende auch der Präsident der Rechtsanwaltskammer Wien, Michael Enzinger, Klaus Haim-Swarovski, Präsident des Tiroler Pferdesportverbandes, und Thomas Lang angehören, ist über diese ‘Fehlentscheidung‘ empört. Er wird noch am Freitag geschlossen zurücktreten. Michael Enzinger zur ‘Presse‘: ‘Das ist der übelste Besetzungsschacher, der mir je untergekommen ist. Wenn der Aufsichtsrat sich für eine Bewerberin entscheidet, die wesentliche der in der Ausschreibung geforderten Kompetenzen nicht hat, ist das für uns nicht tragbar. So kann man das Gesetz nicht beugen.‘…Andererseits hat Klima mächtige Fürsprecher: Bundeskanzler Sebastian Kurz und Landwirtschaftsministerin Elisabeth Köstinger (beide ÖVP) sprachen sich für Klima aus, die gern gesehener Gast bei dem vom Kanzler regelmäßig im Advent abgehaltenen, karitativ angelegten ‘Punsch und Maroni-Empfang‘ war."[103]

Der SRS-Aufsichtsrat allerdings hatte keine Steuerzahler-Kosten gescheut und Korn/Ferry, eine international tätige „Executive-Search- und Talent-Management-Beratung" beauftragt, um die beste Bewerbung zu ermitteln. Nach Einschätzung dieser Firma lag Bereiter Herwig Radnetter, seit 42 Jahren an der Hofreitschule und seit 2012 administrativer Leiter der Reitbahn, weit vor allen anderen BewerberInnen und war damit klar Favorit des Aufsichtsrates unter dem Vorsitz von Agrana-Mann Johann Marihart.[104]

"TYPISCH RAIFFEISEN! (...) DIESE SELBSTHERRLICHEN GÖTTER!!!!"

Diesen Widerstand aus dem Raiffeisen-Imperium bemühte sich der Lobbyist Andreas Königsberger zu brechen und engagierte sich für Frau Klima auch bei H. C. Strache. „Er hatte hochtrabende Pläne, wollte selbst Aufsichtsratschef werden und behauptete, einen saudischen Prinzen als Sponsor für die Lipizzaner an der Hand zu haben. Das 'mache ich aber nur, wenn ich Aufsichtsratschef bekomme', lautete seine Bedingung…'Diese Intriganten sind letztklassig', erwiderte der Vizekanzler und FPÖ-Chef in Richtung des amtierenden Aufsichtsrats. Ganz schlimm sei es gewesen, als Klima mit dem zukünftigen Oberbereiter der Spanischen zu Marihart gegangen sei. Der habe sie mit dem Verweis, sie habe ihre Stelle offiziell noch nicht angetreten, 'glatt hinausgeschmissen', berichtete Königsberger Strache und ergänzte: 'Typisch Raiffeisen! (...) Diese selbstherrlichen Götter!!!!' Gleichzeitig arbeiteten Königsberger und angeblich auch Klima offenbar an einer Art Dankeschön für Strache: an einem 'inoffiziellen Termin' beim russischen Präsidenten Wladimir Putin."[105] Wenn es nicht so lächerlich wäre, müsste man weinen, oder?

Auch wenn Ex-ÖVP-Wirtschaftsminister Martin Bartenstein sich als Aufsichtsrat empört verabschiedete und der gesamte Beirat zurückgetreten war, konnte Landwirtschaftsministerin Köstinger jedenfalls im Jänner 2019 zufrieden verkünden: „Sonja Klima werde die Hofreitschule jetzt gemeinsam mit Co-Geschäftsführer Erwin Klissenbauer 'weiterentwickeln und in eine neue Zeit führen'."[106]

Die „Presse" sah das weniger euphorisch: „Totalschaden in der Hofreitschule. Wie man den richtigen Chef sicher nicht findet oder wie man es schafft, bei einem öffentlichen Ausschreibungsverfahren alles falsch zu machen, was man nur falsch machen kann, lernen wir am Beispiel der Spanischen Hofreitschule."[107] „Medien zitierten genüsslich aus dem in nicht gerade sattelfestem Deutsch verfassten Bewerbungsschreiben der ehemaligen Volksschullehrerin."[108]

NEUE OBERBEREITER ERNENNEN

Frau Klima machte sich gleich an die Arbeit. Den Herwig Radnetter indes stufte die neue Chefin zurück auf den Rang eines normalen Bereiters, und er wurde dann dienstfrei gestellt.[109] Da er sich als administrativer Leiter der Reitbahn nicht nur Freunde gemacht haben soll, herrschte darüber wahrscheinlich nicht ungeteilte Traurigkeit. Und Erster Oberbereiter Wolfgang Eder, ein Mann der Tat, doch nie großer Worte, trat vorzeitig seine Pension an.

„Die Tradition der Spanischen Hofreitschule sieht vor, dass ein Oberbereiter nur werden kann, wer sich durch überragende Ausbildungsleistung einen Namen macht. Untadeliges Auftreten soll ebenfalls seine Berücksichtigung finden. Ernannt wurden Oberbereiter bis ins Jahr 2019 ausschließlich von ranghohen Vertretern der Reitbahn, diese waren in der Regel ebenfalls Oberbereiter.

Andreas Hausberger war der ranghöchste Oberbereiter in der Reitbahn. Er sollte traditionsgemäß nach Pensionsantritt seines Vorgängers (Eder) zum Ersten Oberbereiter bestellt werden, was nicht umgesetzt wurde."[110]

Frau Klima „pfiff...auf Traditionen und Reitkunst", sie „ernannte Oberbereiter höchstselbst".[111] Und schon im Mai 2019 wurden die Bereiter Rudolf Rostek und Herbert Seiberl zu Oberbereitern befördert. Eine Personalentscheidung, welche nicht nur Zustimmung fand. Aus Kreisen pensionierter Oberbereiter hörte man, dass diese beiden Männer „unreif" seien. Wiederum gab und gibt es mit drei Oberbereitern keine klare Hierarchie. Nicht immer vorteilhaft für das tägliche Arbeiten, wie die Zeit Krzisch – Bachinger bewies.

ALTE WUNDEN HEILEN

Mit Sonja Klima zog ein neuer Arbeitsstil in die eleganten Salons der Hofreitschule ein. „Antike Holzmöbel wurden durch modernes Weiß ersetzt. Wo früher Elisabeth Gürtler allein saß, teilt sich Klima den Raum nun mit mehreren Mitarbeitern. Das sei unkomplizierter, besser für die Kommunikation."[112] In der Tat habe ich in meiner Erinnerung Frau Klima abgespeichert als stets umgeben von eifrig plaudernden Damen.

Wie immer negativ die Direktion Sonja Klima von den Wissenden der Reitkunstszene eingeschätzt wurde, fragt es sich, ob sie überhaupt irgendeinen Schaden anrichtete. Im Gegenteil. Sie signalisierte Engagement für Jugendarbeit sowie Tierwohl und tat in schöner Geste das Ihre, um alte Wunden zu heilen. Die Oberbereiter Kottas, Krzisch, Riegler und Tschautscher wurden in einer berührenden Feier geehrt. Eine wunderbar integrative Tat, die viel Spannung aus dem Gesamtsystem nahm, eine Vorweihnachtsfeier, bei der alle in Harmonie zusammenkamen.

Klima war im Gespräch mit den ehemaligen Oberbereitern Kottas, Krzisch und Riegler, welche als Konsulenten die aktiven Oberbereiter und Bereiter hätten beraten können. Ob das bei den Aktiven Begeisterungsstürme auslöste, bleibt unbekannt. Bekannt wurde aber, dass der Aufsichtsrat vor allem den streitbaren Krzisch ablehnte, aber auch Johann Riegler, der ein fertiges Ausbildungs- und Vorführungs-Konzept zur Anhebung des Niveaus ausgearbeitet haben soll.[113]

SUPERGUT REDEN & KAMPFLÄCHELN

Auch im Vergleich zur Ära Gürtler entwickelte sich ein effizienteres, entspannteres Miteinander zwischen Direktion und Reitern: „Und wir haben jetzt auch eine Geschäftsführung, die da sehr gut mit uns kooperiert. Sie hat natürlich ihre Ideen, aber mit ihr kann man supergut reden. Wenn wir der Meinung sind, das passt nicht, dann findet sie das in Ordnung, und es wird auch nicht gemacht. Das war vorher anders. Mit der Frau Klima kann man wirklich sehr gut und sehr vernünftig sprechen", meint Oberbereiter Herbert Seiberl.[114]

Ein Arbeitsverhältnis also, wie es sein soll, damit die Dinge funktionieren. Die Bereiter konnten offenbar wieder einmischungsfrei arbeiten. Das bedeutet sehr viel. Zwischen Geschäftsführung

Vorweihnachtsfeier am 12.12.2019 in den Salons der Spanischen Hofreitschule. Direktorin Sonja Klima ehrte die Oberbereiter Tschautscher, Kottas, Krzisch & Riegler. Welch schöne Geste! Übrigens: So viele Oberbereiter, Bereiter & Mitarbeiter der SRS auf einmal zusammen gab es bisher nicht zu sehen. Foto: © Werner Poscharnigg.

und Bereiterschaft herrschte offenbar eine Gesprächskultur von gegenseitigem Respekt und Verständnis. Auch Maßnahmen zur Schonung der oft überbelasteten Pferde wurden ergriffen.

„Herrschte unter Elisabeth Gürtler bis Jahresanfang schmallippige Disziplin, hat nun das Kampflächeln übernommen. ‘Wir wollen, dass in der Reitbahn eine Gemeinsamkeit herrscht‘, sagt Klima. Statt einer ‘diktatorischen Leitung‘ wolle sie Teamarbeit, und sie meint damit nicht nur ihren eigenen Zugang innerhalb der in der Vergangenheit nicht eben intrigenfreien Institution.“[115]

In ökonomischer Hinsicht konnte niemand Sonja Klima Vorwürfe machen, da bedingt durch die Corona-Plandemie kaum Vorführungen stattfanden und meist nur ohne Publikum trainiert wurde, weshalb es keine Einnahmen gab. So konnte das seit fast 20 Jahren angehäufte Problem-Defizit weiter unauffällig-elegant dahingeschoben werden. Die von ihr versprochenen Marketing- und Sponsering-Maßnahmen verliefen offensichtlich so unspektakulär, dass niemand davon Notiz nahm, sieht man von Advent-Events in der Stallburg ab.

Und von einer geradezu ekelerregenden Geschmacklosigkeit: Zu Werbezwecken gab es eine Zusammenarbeit zwischen einer bekannten Auspufffirma und einem Habsburg-Rennfahrer. Ein PS-strotzender 2,5 Tonnen schwerer Geländewagen durfte für Geld prolo-mäßig in der Winterreitschule driften und dröhnen und den aufgepflügten Reitbahnsand bis an die obersten Sitzplätze stauben lassen, natürlich unter großzügiger Freisetzung von Sportabgasen. Das Resultat: Ein PR-Video-Clip. Fahrer-Vater Karl Habsburg-Lothringen frohlockte ob der action auf historischem Familienboden: "Ich finde das…absolut sensationell, das ist der absolute Hammer, Ferdinand!"[116] Tja. Roll over, Karl VI.!

Natürlich hätten sich die Hofreitschul-Wissenden anstatt Sonja Klima eine glaubwürdige, kompetente Direktionspersönlichkeit gewünscht. Doch wer seit der Umwandlung in eine „Gesellschaft öffentlichen Rechts“ hatte den Job besser gemacht? Sie ließ, wie es aussieht, die Bereiterschaft ungestört, interventionslos arbeiten. Sehr wertvoll. Und sie verfolgte eine in gewisser Hinsicht mütterlich-integrative Agenda.

SENIOREN-RESIDENZ IN PIBER

Um in Kleinwetzdorf mehr Raum zu schaffen, wurden 2020 die pensionierten Hengste in eine neugeschaffene Seniorenresidenz nach Piber verlegt. „Bisher seien die ehrwürdigen Tiere im Trainingszentrum Heldenberg untergebracht gewesen, dieser Platz werde gebraucht.“[117] Klima: „Die Pferde, die nicht mehr in der Vorführung gehen, kehren wieder zurück zu ihrer Geburtsstätte, um dort ihren Lebensabend zu verbringen. Ist das nicht schön?“[118] Schon.

BURGGARTEN-FRISCHLUFT

Sehr schön auch, dass in der Ära Klima es endlich realisiert wurde, den SRS-Hengsten der Stallburg im Burggarten ein wenig Frischluft und ein Mini-Stückchen Freiheit zu gewähren:

„Am Rande des Gartens entlang der Goethegasse (City) sind vier neue Pferdekoppeln als sommerliche Residenz entstanden. Hier dürfen sich die berühmten Lipizzaner ab heute auf rund 400 m² austoben, grasen und frische Luft schnappen. Von den 72 Hengsten werden immer vier Tiere gleichzeitig bis circa 11.30 Uhr zu sehen sein. Zur Freude von Spaziergängern führt ein Weg an der Koppel vorbei, um einen Blick auf die berühmten Rösser zu werfen. Doch schon der Ritt vom Stall auf die Koppel war ein kleines Spektakel. Kommen die Lipizzaner, zücken die Menschen ihre Handys. Sinn des Projekts ist aber das Wohl der Tiere: ‘Uns ist ganz wichtig, dass die Hengste Auslauf haben und nicht nur in den Boxen stehen. Sie sollen sich im Burggarten erholen‘, erklärt Sonja Klima, Geschäftsführerin der Hofreitschule.“[119] So hat jedes Pferd die Chance, alle 18 Tage ein Koppelchen zu genießen. Wenn das Wetter passt. Ein Showeffekt und lächerlich wenig, doch besser als nichts. Aber mit gutem Willen ließe sich die Zahl der Minikoppeln vervielfachen. Fläche ist vorhanden. Die Koppelchen sehen im Frühsommer 2025 übrigens nicht überstrapaziert aus…

Vorbereitung zu den Schulen über der Erde: Bereiter Florian Erwin Zimmermann. Piber. Foto: © Werner Poscharnigg.

DIE CAUSA MARIHART

Ob das System der Ausgliederung der Spanischen Hofreitschule manche Machtmenschen ermutigte, sich der Institution zu bemächtigen und daraus unmoralisch Vorteile zu erzielen? Eine Antwort darauf können nur (hoffentlich) unabhängige Gerichte geben.

Die Hofreitschule und das Lipizzanergestüt Piber verkaufen Pferde, welche als nicht so optimal geeignet für die Arbeit in der Winterreitschule eingestuft werden. Je länger ein Pferd in der Hofreitschule zur Ausbildung bleibt, bevor es dann doch ausgemustert wird, desto besser ist es für den Käufer. Natürlich können auch schon wesentlich früher Pferde zur Ausmusterung kommen. Je nach ihren Anlagen beweisen sie dann im Lauf ihrer Ausbildung, dass die Ausmusternden mit ihrer Beurteilung falsch lagen oder dass diese Pferde doch nicht passende Kandidaten für die Hohe Schule sind.

FANTASCA-LUXUS-SERVICE

2008 wurde der Lipizzanerhengst Maestoso Fantasca im Gestüt Piber geboren und in der Folge ungünstig beurteilt: „Wenig Schub von hinten, keine gute Hinterhand"; "Neigung zur Steilstellung, unfertig, lang"; "zuchttechnisch nicht relevant".[120] Der Hengst stand im Trainingszentrum Heldenberg / Kleinwetzdorf. Da erwies es sich doch als praktisch, dass er 2013 nach seinem Verkauf für günstige € 12.000.- keinen Transport anderswohin auf sich nehmen musste, da die Käuferin ihn vor Ort ließ, weil sie Reitunterricht und Beritt buchte. Als Vorführungspferd war er – an und für sich - nicht mehr vorgesehen.

Die Käuferin hatte Glück, wurden doch sie und ihr Reitpferd trainiert von Hannah Zeitlhofer, der ersten Frau, die den Rang einer Bereiterin an der Hofreitschule erreichte. Und Frau Zeitlhofer machte ihre Arbeit offenbar so gut, dass der ausgemusterte Hengst erfolgreich in 182 Vorstellungen zum Einsatz kam. Welchem Lipizzanerbesitzer ginge da nicht vor Stolz und Freude das Herz auf? Zumal in der Einstellgebühr von € 1200.- Kosten für Tierarzt und Hufschmied inkludiert waren. Ein großzügiges Luxus-Service, welches Heldenberg der Kundschaft da bietet.

Vielleicht nicht jeder Kundschaft. War doch die Käuferin des Pferdes die Tochter des Aufsichtsratsvorsitzenden Johann Marihart. „Eine super Lösung für beide Seiten - oder doch eher nackter Nepotismus? Nutzten da ein mächtiger Mann und seine Tochter ein Weltkulturerbe als

Selbstbedienungsladen und verstießen gegen Compliance-Regeln, indem sie Expertise und Leistungen in Anspruch nahmen, die einem Privatpferd nicht zustanden? Und hat die Geschäftsführung einfach weggeschaut?... Alle wussten von der umstrittenen Regelung. Es gab, wie zu hören ist, immer wieder Proteste."[121]

„STRAFRECHTLICHE ERMITTLUNGEN"

„Die Sache eskalierte"[122], der Rechnungshof befasste sich mit der Causa. Das Landwirtschaftsministerium ließ daraufhin ein Gutachten erstellen, welches das „interessante" Procedere erwartungsgemäß als korrekt absegnete. Übrigens war „Marihart bei dieser Untersuchung eingebunden".[123] Dennoch ergaben sich „strafrechtliche Ermittlungen"[124] durch die Wirtschafts- und Korruptions-Staatsanwaltschaft wegen „möglicher Untreue und Geschenkannahme"[125], weil ein ehemaliger Oberbereiter Anzeige erstattet hatte.

„Dass der Aufsichtsratschef auf Kosten der Hofreitschule einen Lipizzanerhengst seiner Tochter habe zureiten lassen, findet er, sei nur Ausdruck einer tieferliegenden Problematik: der Ökonomisierung einer Tradition, die von Kunst und Können zu Kitsch und Klamauk verkomme. Der Skandal verstärkt damit das Imageproblem, das die heilige Institution hat."[126] Im Jänner 2023 konnte Marihart aufatmen, da die Staatsanwaltschaft das lästige Ermittlungsverfahren einstellte.[127] Er indes war schon ein Jahr zuvor als langjähriger Aufsichtsrat der SRS zurückgetreten.[128] Sein Einfluss auf das Institut aber sollte noch weitreichend bestehen bleiben, wie wir sehen werden.

WIEDER WEISSE WESTE & WINKLER

Jedenfalls stand Marihart mit weißer Weste da, voll rehabilitiert in seinem tadellosen Ruf. Die Dinge konnten ihren gewohnten Lauf nehmen. Und damit friedlich Gras über die Causa wachsen mochte, wurde der Lipizzanerhengst Maestoso Fantasca im Dezember 2022 von der Hofreitschule zurückgekauft. „Die Finanzprokuratur, die Anwaltskanzlei der Republik, war beauftragt worden, 'rechtlich an einer Bereinigung der zivilrechtlichen Ansprüche mitzuwirken'."[129]

Auf den Aufsichtsratssessel Mariharts setzte das Landwirtschaftsministerium im April 2022 indes den 40-jährigen Martin Winkler, „der innerhalb der Österreichischen Verkehrsbüro AG tätig"[130] war. Übrigens: Diese AG und Raiffeisen kooperierten in der Vergangenheit insbesondere im Bereich Finanzdienstleistungen und Tourismusbranche.[131] Die Agrana mit ihrem damaligen CEO Johann Marihart gehört zum Raiffeisen-Sektor. Marihart zählte zu den einflussreichsten Managern der Republik.[132] Dass die Spanische Hofreitschule mittlerweile Bestandteil des Raiffeisen-Konzerns ist, wie böse Zungen munkeln, dürfte vielleicht jedoch etwas zu stark übertrieben sein.

Wie Mathias Winkler, Schwiegersohn von Elisabeth Gürtler, zeigt Martin Winkler vehementes Interesse am Hotelwesen. Seine Pferde-Expertise ergibt sich möglicherweise daraus, dass er, wie Marihart, eine reitbegeisterte Tochter hat. Als ihr Trainer fungierte – so Insiderkreise - der äußerst tüchtige, verdienstvolle Bereiter Marcus Nowotny. Diese Tätigkeit wird seiner berechtigten Beförderung zum Oberbereiter im Jahr 2023 kaum im Weg gestanden sein.

Die Vorkommnisse um Marihart kommentierte der 2008 von Gürtler entfernte legendäre Oberbereiter Johann Riegler pessimistisch: „Das mit der Tochter des Aufsichtsratsvorsitzenden sei ‘ein Ärgernis‘, verdeutliche aber vor allem ein Gesamtproblem: ‘Die Spanische Hofreitschule ist zu einem Selbstbedienungsladen verkommen - im Kleinen, wenn hier ein Hengst günstig verkauft wird und dann quasi gratis zu einem Spitzenpferd ausgebildet wird. Im Großen, wenn die Politik die Schule als Depot für Günstlinge betrachtet.‘ Riegler spricht davon, dass früher noch Ehrfurcht und Disziplin geherrscht hätten in den heiligen Hallen mit ihrer 450-jährigen Tradion…Alles gehe jetzt ‘den Bach runter‘.“[133]

Bereiterin Hannah Zeitlhofer. Piber. Foto: © Werner Poscharnigg.

ALFRED HUDLER: DER GETRÄNKEMANAGER ALS HOFREITSCHUL-BOSS

2022: Wieder einmal ging es darum, vorzuführen, dass in absolut objektiver Weise die ideale Führungspersönlichkeit für die Spanische Hofreitschule gefunden werden sollte. Die Objektivität entsprach den Gepflogenheiten der letzten 25 Jahre. „Öffentliche Ausschreibungen genießen…nicht gerade den besten Ruf, denn sie stehen vielfach im Verdacht, bloß eine Alibi-Aktion zur Erfüllung lästiger gesetzlicher Pflichten zu sein, während die tatsächlichen Entscheidungen in den Hinterzimmern von Ministerien oder Parteibüros fallen und meist schon feststehen, bevor die erste Bewerbung überhaupt eingetroffen ist.“[134]

Ob man die Ausschreibung schon auf eine gewisse erwünschte Person maßschneiderte? Erforderlich war unter anderem, dass sich der Kandidat an das Spanische Hofreitschule-Gesetz hält. Dann brauchte es betriebswirtschaftliche Kenntnisse und Erfahrung sowie „besondere Kenntnisse im Bereich Produktentwicklung und Vermarktung; Erfahrung in der Etablierung klarer Führungsprozesse und einer klaren Führungskultur;…authentische und erfahrene Führungskraft“.[135] Und schließlich hieß es schnoddrig und lapidar: *„Wissen über die klassische Reitkunst wünschenswert.“*[136] Ein Schelm, wer Böses dabei denkt.

Nach Marihart fungierte, wie erwähnt, als neuer Aufsichtsratsvorsitzender der SRS, Martin Winkler vom Verkehrsbüro. Er beauftragte, wie seine Vorgänger um höchstmögliche Objektivität bemüht, die renommierte Firma Stanton Chase mit der Jagd nach dem besten Manager für die Geschäftsführung der Spanischen Hofreitschule. Das Resultat: Dr. Alfred Hudler, der wenige Jahre vor seinem Pensionsantrittsalter vom Ottakringer Bier zur Spanischen Hofreitschule wechselte. Prost! (Was bedeutet: „Es möge nützen!“)

Da traf es sich doch gut, dass Johann Marihart im Aufsichtsrat von Ottakringer saß. Man kannte sich sicherlich, konnte sich austauschen und war um freundlichen Kontakt bemüht, könnte man vermuten. Ob Marihart dem in Sachen Lipizzaner eher ahnungslosen Hudler eventuell mit seinem SRS-Wissen wertvolle Einblicke in die Funktionsweise des Traditionsinstituts gewähren mochte? Ob Herr Marihart Herrn Hudler ermunterte, den prestigereichen Job zu übernehmen?

WISSEN ÜBER REITKUNST KEINE VORAUSSETZUNG

Angefütterte Staatmedien jubelten, dass noch nie ein SRS-Direktor so objektiv und unpolitisch ermittelt worden sei: „Diesmal hat sich die Parteipolitik ganz offensichtlich nicht eingemischt. Alfred Hudler, einer der besten Marketing-Manager des Landes, wurde am Mittwoch vom Aufsichtsrat einstimmig zum neuen Chef der Spanischen Hofreitschule bestellt. Sein Vertrag läuft bis November 2027. Der Schwerpunkt in der Ausschreibung lag nicht auf Pferde-Wissen, davon gibt es im Unternehmen ausreichend. Der neue Chef sollte Führungserfahrung bei Unternehmen vergleichbarer Größe haben, betriebswirtschaftliches Know-how mitbringen und ein Profi in Produktentwicklung, Marketing und Sales sein, mit Erfahrung auf internationalen Märkten. 'Wissen über Reitkunst war keine Voraussetzung. Es geht um Management und um Führungsaufgaben', sagte der neue Aufsichtsrats-Chef Martin Winkler. Alle diese Kriterien erfüllt Alfred Hudler perfekt. Der charismatische 63-Jährige bringt jahrzehntelange Erfahrung als Vorstand einer traditionellen österreichischen Unternehmensgruppe mit.“[137]

Zweifellos richtig ist, dass die Spanische Hofreitschule eine Person an der Spitze braucht, die vernünftig wirtschaften kann. Was „Produktentwicklung“, „Markenentwicklung“, Markenstärkung“, Vermarktung betrifft: Die Nachfrage nach Karten für die Vorstellungen in Wien übertrifft das Angebot, müsste doch die Zahl der Auftritte ohnehin reduziert werden, um künstlerischen und tierschützerischen Ansprüchen gerecht zu werden. Die „Marke“ Spanische Hofreitschule ist im Kulturbereich eine der stärksten der Welt – trotz all der Zumutungen der letzten 25 Jahre. Da wird man als Manager wenig falsch machen können.

FRAGEN BITTE AN EXTERNE AGENTUR

Und was „charismatisch“ betrifft, so dürfte noch Luft nach oben bestehen, wird berichtet: „Der unscheinbar wirkende Mittsechziger betrat beim Pressegespräch am 1. Februar den Salon…durch einen zweiten Eingang, der ihn ohne langwieriges Händeschütteln direkt ans Rednerpult führte…Nach wenigen Fragen wurde das Pressefrühstück überraschend beendet; unbeantwortete Fragen konnten schriftlich an die zuständige Stelle, eine externe Agentur, gerichtet werden. Hudler ließ sich entschuldigen und entschwand ebenso wie er gekommen war.“[138]

Dass eine externe Agentur mit der Beantwortung inhaltlich-fachlicher Fragen beauftragt wurde, beweist, wie wackelig das Management im Sattel sitzt. Es muss doch so sein, dass, wenn schon nicht der Geschäftsführer, so doch wenigstens die Oberbereiter ALLE Fragen kompetent beantworten können. Offenbar findet auch eine ungesunde Aufblähung des Nicht-Pferde-Personals statt. Wie ein schwacher Reiter, der auf immer mehr technische Hilfsmittel zurückgreifen muss, um seines Pferdes Herr zu werden, braucht ein Manager, der sich unsicher fühlt, zusätzliche Helferlein.

„Hudlers Bilanz in Sachen Personalführung fällt bei genauerer Betrachtung wenig überzeugend aus: Während für die Bereiche Human Resources, Marketing und Public Relations einige neue Mitarbeiter eingestellt und Aufgaben wie die Beantwortung von Presseanfragen darüber hinaus noch extern vergeben wurden, wurden im Pferdebereich kaum neue Stellen geschaffen. Im Gegenteil: Der erfahrenste Oberbereiter – Andreas Hausberger – wurde recht bald sogar vom Dienst suspendiert.“[139]

SRS in Piber. Foto: © Werner Poscharnigg.

DIE ENTFERNUNG DES OBERBEREITERS ANDREAS HAUSBERGER

Sonja Klima hatte Rudolf Rostek und Herbert Seiberl zu Oberbereitern ernannt, und es wäre logisch und der Tradition des Hauses gemäß korrekt gewesen, den letzten der „alten“ Oberbereiter, Andreas Hausberger, zum Ersten Oberbereiter zu machen. Das aber fand nicht statt, aus welchen Gründen immer. Eine Institution wie die Spanische Reitschule funktionierte nicht zuletzt durch Jahrhunderte deswegen ordentlich, weil es klare Hierarchien gab.

Oberbereiter Andreas Hausberger, Heldenberg. Foto: © Werner Poscharnigg.

Das änderte sich durch das von der „Ausgliederung“ verursachte Chaos nachhaltig. Die besten Reiterpersönlichkeiten wurden kaltlächelnd entfernt, ohne dass auf Überlieferung und künstlerische Qualität der Reitschule geachtet worden wäre. Der Respekt der Bereiter vor den Oberbereitern schwand in diesen wirren Zeiten. Wann hätte früher ein Bereiter es gewagt, einem Oberbereiter zu sagen: „Du bist ein Auslaufmodell“? Ob Hausberger verbittert war, dass auch der neue Geschäftsführer ihn nicht zum Ersten Oberbereiter beförderte? Jedenfalls konfrontierte Oberbereiter Andreas Hausberger den Geschäftsführer Dr. Alfred Hudler mit unbequemen Wahrheiten:

Oberbereiter Andreas Hausberger; Wien, Heldenplatz 2015. Foto: © Werner Poscharnigg.

16:59

Posteingang

Sehr geehrter Herr Dr. Hudler,
lieber Alfred,

Deine ersten 100 Tage als Leiter der Spanischen Hofreitschule - Lipizzanergestüt Piber sind, um es gelinde zu sagen, nicht das was man sich unter einem Systemwechsel vorstellt.
Die SHS befindet sich seit der Ausgliederung in einer nie dagewesene Abwärtsspirale, sowohl was Tierwohl als auch die Qualität der Vorstellungen anbelangt.
Das gipfelt in einem Programmpunkt Pas de Deux auf A und L Niveau im vergangenen Dezember und Jänner.
Mittlerweile wird man als Oberbereiter von den Zuschauern angepöbelt ob man sich ob des Dargebotenen nicht schäme.
Die Ausbildungsstufen können nicht mehr eingehalten und das Training muss in die Vorstellung verlegt werden. Durch die vielen geplanten Vorstellungen 2023 können überforderte Hengste nur durch vermehrten Einsatz von Sporen und Gerte durch das Programm gebracht werden.
Immer wieder wurden in der Vergangenheit Pferde in der Vorstellung eingesetzt die nicht fit waren. Ich fürchte, dass wird 2023 nicht anders sein.
Das Durchschnittsalter der Schulhengste in der Vorstellung wird immer jünger. Junge Hengste gehen im ersten Jahr ihrer Ausbildung bis zu 80
Vorstellungen. Junghengste werden nicht mehr angeritten, stehen im TZH „vergessen"

für lange Zeit herum um sie schlußendlich zu verkaufen.

Die SHS ist momentan wie die Titanic:
das Schiff hat deutliche Schräglage, alle Rettungsboote sind über Bord geworfen die Band spielt im Ballsaal ... und man hofft, dass nicht noch mehr Wasser eindringt und sie untergeht.
Das Ziel aus der "Titanic" Spanische Hofreitschule wieder ein "Traumschiff" Spanische Hofreitschule zu machen liegt ohne Systemwechsel in weiter Ferne.

Ich als dienstältester Oberbereiter mit über 40jähriger Erfahrung, habe die Pflicht auf Missstände und falsche Tendenzen aufmerksam zu machen. Da schüchtern mich Deine angedrohten dienstrechtlichen Konsequenzen nicht ein.
Wenn man als einziges Werkzeug einen Hammer in der Hand hat sieht alles wie ein Nagel aus. Es ist eine mittelalterliche Tradition, dass der Bote der die schlechten Nachrichten überbringt, geköpft wird.

Noch wird in der SHS nicht auf den gezeigt, „der das Hauferl ins Eck macht, sondern auf den, der sagt, da stinkt's".

Mit dem Abgang von Klima und Klissenbauer hätte es die Möglichkeit eines Systemwechsels gegen. Diese Möglichkeit wurde und wird von den verantwortlichen Akteueren nicht wahrgenommen.
Die Spanische Hofreitschule braucht eine

Persönlichkeit mit Domain-Expertise an der Spitze, jemand der sich wirklich auskennt.
Wenn Du, lieber Alfred, dem Training oder der Vorstellung beiwohnst weißt Du nachher nicht was Du gerade gesehen hast.
Das ist nicht eine verwirrte Einzelmeinung, sondern es ist die Ansicht der überwältigenden Zahl meiner Kolleg: innen – manche äußern es wie ich offen, manche eher verklausuliert, manche sagen einfach nur „Ich sage schon lange nix mehr und ziehe nach einer Vorstellung den Kopf ein und schleiche mich unbemerkt hinaus" und manche schweigen einfach diplomatisch. Nur die Haltung ist immer die gleiche.

Weder der Aufsichtsrat noch das Ministerium werden mit einem Spanische Hofreitschule-Kopf denken oder einem Spanische Hofreitschule-Herzen fühlen. Das können nur die Bereiter: innen ...
Ich bitte Dich, zum Wohle der Spanischen Hofreitschule und des Lipizzanergestüts Piber, so schnell wie möglich einen Systemwechsel herbeizuführen oder als Geschäftsführer zurückzutreten.

Mit reiterlichem Gruß

Andreas Hausberger

VERZWEIFLUNGSSCHREI EINES AUFRECHTEN MENSCHEN

Der Verzweiflungsschrei Hausbergers stieß auf Ohren, die aufgrund von weitestgehender Sachunkenntnis nichts mit dieser offenbar berechtigten Kritik anfangen konnten. Wie sollte Hudler, der frisch aus seiner Getränkevertriebswelt kam, etwas über die gloriose Vergangenheit der Spanischen Hofreitschule wissen? Wie sollte er als absolut Externer mit Sporthintergrund den Irrsinn, welcher seit der „Ausgliederung" über die Institution hereingebrochen war, begreifen? Auch Hudler war als unwissend hineingesetzter Geschäftsführer Opfer der Hybris von Politikern, welche in ihrer angemaßten Expertise sich einbildeten, irgendeine ihnen genehme Marionette könne einfach österreichische Reitkunst spielen.

Es ist Oberbereiter Andreas Hausberger sehr, sehr hoch anzurechnen, dass er es – im Gegensatz zu anderen - wagte, die Wahrheit zu sagen. Schon vor seiner Botschaft an Hudler muss ihm dieser dienstrechtliche Konsequenzen angedroht haben, wie aus dem Text hervorgeht. Doch als pragmatisierter Beamter unterstand Hausberger besonderem dienstrechtlichen Schutz und konnte nur suspendiert werden, nicht aber entlassen. Als international höchst erfolgreicher Trainer von Spitzendressurreitern konnte sich Hausberger Geld und Namen machen. Daher war er nicht leicht einzuschüchtern. Sein Wissen, sein Können, seine Verwurzeltheit in der Tradition aber fehlen der Spanischen Hofreitschule. Was er seinen Privatkunden an wertvollstem Wissen beibrachte, hätte der Spanischen Hofreitschule gebührt. Das aber wurde verhindert. Hausberger ist auch ein intellektueller Reiter, belesen, kultiviert.

Hätte sich Hudler als Chef stark und unangefochten in seiner Position gefühlt, so wäre er mit dem kritisierenden Hausberger souverän ins Gespräch gekommen und hätte ihn ins Team geholt, um glanzvolle Resultate zu erlangen. Eine wahrhafte Führungspersönlichkeit kommt auch mit schwierigen Charakteren klar, wenn sie dem Unternehmen wertvollen Nutzen bringen. Das aber war nicht so. Somit hatte Hudler den seit Pohl begonnenen brain drain mit der Beseitigung Hausbergers konsequent fortgesetzt. Hausberger war der letzte der „alten" Garde. Nur starke Reiter können schwierige Pferde glanzvoll reiten. Erster Oberbereiter Arthur Kottas-Heldenberg, welcher aufgrund der Pohl-Wirtschaft das Handtuch warf, äußerste sich bestürzt über Hudlers Hausberger-Hinausschmiss: „Ich hatte gehofft, dass Andreas Hausberger als letzter Oberbereiter, der von Bereitern ernannt wurde und über 40 Jahre Erfahrung verfügt, zum Ersten Oberbereiter ernannt wird. Es muss einen geben, der für die Qualität in der Reitbahn verantwortlich ist. Wenn die Eleven nicht gut genug sitzen oder die Pferde nicht gut genug ausgebildet sind, muss er Maßnahmen ergreifen. Dann muss aber auch die Geschäftsführung voll hinter ihm stehen und die Maßnahmen mittragen. Gerade in der Arbeit mit Pferden sind Erfahrungen unersetzlich, sowohl die guten als auch die schlechten. In der Schule sind sie noch wichtiger, denn gerade dort sind wir so stolz auf die mündliche Überlieferung. Natürlich gibt es einige schriftliche Direktiven, doch das, was das Reiten und das Gefühl für die Pferde ausmacht, wird von einer Generation an die nächste weitergegeben."[140]

Oben: Bereiter Philipp Burg. Unten: Oberbereiter Herbert Seiberl. Piber.
Fotos: © Werner Poscharnigg.

HAUSBERGERS PROTEST WIRD ÖFFENTLICH

Hausbergers an sich interne Botschaft an Hudler sickerte durch an Leute wie mich und dann an die Öffentlichkeit. Sogar der Österreichische Rundfunk befasste sich mit der Sache und interviewte mich, weil andere Wissende offenbar in der Deckung verharrten.

Succus meiner Aussagen im Fernsehen am 12.3.2023: Mit der Entfernung des letzten Oberbereiters, welcher noch nach althergebrachter Weise ins Amt gekommen war, entsteht ein Riss in der Überlieferung, den es in der Geschichte der SRS bisher nicht gab. Österreich steht künstlerisch mit zwei Institutionen an der Weltspitze: Den Wiener Philharmonikern und der Spanischen Hofreitschule. Die Philharmoniker sind unangefochten. Die Hofreitschule leider nicht mehr. Das heißt jedoch nicht, dass die aktuellen Oberbereiter und Bereiter schlecht wären. Ihnen fehlt nur dieses gewisse Etwas und Bisschen an künstlerischer Spitzenqualität und Präzision, welches wir von der Generation Kottas, Krzisch, Riegler kennen. Weshalb es angebracht wäre, Hausberger im Amt zu belassen und die „alten" Oberbereiter als Konsulenten, als Berater im täglichen Reitgeschehen einzusetzen.

Um ihm das vorzuschlagen, schrieb ich an Dr. Hudler, und er war so nett, sich mit mir zu einem Gespräch zu treffen. Mein WhatsApp-Brief an die „alten" Oberbereiter gibt den Inhalt dieser Unterredung wieder:

*

Sehr geehrte Herren Oberbereiter!

Am Samstag, 25.3.2023 traf ich Dr. Hudler in Köflach. Ich hatte ihm einen Brief geschrieben und mich als neutralen, uneigennützigen Mediator zwischen ihm und Oberbereiter Hausberger angeboten.

Zur Causa Hausberger wollte / konnte er nichts sagen, da er sich nicht zu einem laufenden Dienstrechtsverfahren äußern wolle. Auf mein Nachfragen meinte er auch, dass eine - von mir vorgeschlagene, für beide Seiten gesichtswahrende - Versöhnung nicht möglich sei, da zu viel vorgefallen sei. Details kenne ich daher nicht. Mir persönlich tut das alles sehr leid, weil ich Hausbergers Mail an Hudler als Ausdruck der Verzweiflung eines aufrechten Menschen einschätze. Und diese Verzweiflung muss eine lange Vorgeschichte haben.

Die Wiener Philharmoniker und die Spanische Hofreitschule sind die beiden Assets, welche Österreich in der ganzen Welt unübertrefflich machen. Und deswegen darf es nicht sein, dass unsere SRS an künstlerischer Qualität verliert. Daher hatte ich Dr. Hudler auch schon mitgeteilt, dass es wirkungsvoll wäre, wenn einer der „alten" Oberbereiter - als Konsulent, Leiter der Reitbahn oder 1. Oberbereiter - die SRS wieder auf den überragenden künstlerischen Standard von 1993 (Auftritt der SRS auf dem Wiener Rathausplatz) zurückbringen könnte.

In diesem Punkt zeigte sich Dr. Hudler sehr, sehr aufgeschlossen. Und in der Tat wäre es doch wunderbar, wenn nach über 20 Jahren ein Geschäftsführer der SRS das zusammenbrächte. Er könnte in die Geschichte eingehen. Wenn ich ihn richtig verstanden habe, möchte er sich an die „alten" Oberbereiter wenden, um ihre Willigkeit in der Sache auszukundschaften, und wie sie sich das vorstellen könnten. Er möchte nicht Leute von außen holen, weil das schlecht funktioniert, wie er völlig richtig vermutet. Das klingt doch sehr gut.

Daher ist inständigst zu hoffen, dass einer der „alten" Oberbereiter sich für eine Auffrischung der klassischen Reitkunst an der SRS zur Verfügung stellt, wenn er angesprochen wird. Die österreichische Reittradition braucht Sie, sehr geehrte Herren, nun in einer Zeit, wo es an Ihrer Expertise offenbar fehlt! Die SRS gab Ihnen viel. Nun können Sie viel zurückgeben.

Das soll nicht heißen, dass die derzeitigen Oberbereiter und Bereiter nicht gut wären. Doch es kann ihnen gezeigt werden, wie dieser „Goldstandard" von 1993 wieder machbar wäre, damit die Reiter der SRS, so wie die Wiener Philharmoniker die Weltbesten auf dem Gebiet der Musik, nun die Weltbesten in der klassischen Reitkunst sein können. Das zu erwirken, müsste doch jedem an der SRS Beschäftigten gefallen.

Dr. Hudler sagte mir, er wolle nicht mit Halbwissen betreffend die SRS großtun. Eine Aussage, die sich wohltuend von früheren SRS-Leitungen abhebt. Überhaupt erschien er mir, der ich ihm vorher skeptisch gegenüberstand, als uneitler, vernünftiger Mensch, der durchaus in der Lage sein könnte, Positives für die SRS zu bewirken. Das Gespräch mit ihm fand ich gut und ehrlich.

Wenn ihm die „alten" Oberbereiter erklären, was der derzeitige Qualitäts-Stand ist und wie man ihn heben könnte, so meine ich zu vernehmen, dass er dafür ein offenes Ohr hat. Wie dann das Wissen der „alten" Oberbereiter sich auf die Praxis der SRS fördernd auswirken kann, ist ein weiterer, großer Schritt. Es liegt in der allgemeinen menschlichen Natur, dass die jungen Oberbereiter eher keine Freude mit Vorschreibungen der „Alten" haben werden. Das gilt es klug und diplomatisch zu managen, damit tatsächlich der „Goldstandard" wieder erreicht wird.

Soweit mein Bericht.

Mit reiterlichen Grüßen,

Dr. Werner Poscharnigg

*

Leider konnte / wollte Hudler nichts davon umsetzen / durchsetzen. Vielmehr ging er daran, sich mit der „Unternehmenskultur" zu befassen. Der sogenannte Aufsichtsrat griff ihm dabei unter die Arme:

Mitarbeiterinformation 07.03.2023

Sehr geehrte Mitarbeiter:innen der Spanischen Hofreitschule,

aus gegebenem Anlass möchten wir Sie über folgende Personalia informieren:

Bei uns an der Spanischen Hofreitschule gibt es einen Ethik- und Verhaltenskodex, den wir stets sehr ernst nehmen. Ebenso ernst nehmen wir das Miteinander und das persönliche Gespräch auf Augenhöhe, von Angesicht zu Angesicht. Aus diesem Grund steht die Türe zur Geschäftsleitung immer offen – konstruktives Feedback hat stets Platz. Denn neben dem Tierwohl steht für uns auch die Zufriedenheit jedes einzelnen Mitarbeiters/jeder einzelnen Mitarbeiterin an oberster Stelle. Was wir erwarten ist, dass sich alle an den vereinbarten Kodex halten und gemeinsame Verantwortung für die Zukunft der Spanischen Hofreitschule übernehmen.

Jede:r Mitarbeiter:in verantwortet einen Aufgabenbereich, dessen Erfüllung maßgeblich zum Weiterbestehen und Erfolg unserer Institution beiträgt. Wir müssen uns dabei darauf verlassen, dass Mitarbeiter:innen Vereinbarungen einhalten, Verantwortungen nicht einseitig zurücklegen und durch ihr Verhalten und durch ihre Äußerungen die Reputation der Spanischen Hofreitschule nicht unsachlich gefährden. Herr Hausberger hat diese Erwartungen wiederholt nicht erfüllt und Herr Dr. Alfred Hudler hat daher beschlossen, ihn mit sofortiger Wirkung vom Dienst freizustellen.

Wir, der Aufsichtsrat, haben Dr. Alfred Hudler aufgrund seiner hohen Kompetenzen als erfahrenen Topmanager mit der Führung der Spanischen Hofreitschule betraut - seine Maßnahmen finden die volle Zufriedenheit und haben die uneingeschränkte Unterstützung von uns sowie seitens des Eigentümers. Gemeinsam mit Ihnen werden wir unsere wertvolle Institution in eine erfolgreiche Zukunft bringen.

Beste Grüße,

Martin Winkler und Dr. Ulrich Herzog
für den Aufsichtsrat der Spanischen Hofreitschule

SPANISCHE HOFREITSCHULE
LIPIZZANERGESTÜT PIBER

TRADITION HINGABE SCHÖNHEIT

Zu solcher Unternehmenskultur gehört selbstverständlich die „Message Control", vulgo „Maulkorb" genannt. Nach außen darf nur dringen, was dem Chef genehm ist. Und was unangenehm ist, muss verschwiegen werden. So geht modernes Management.

Übrigens: Wir erinnern uns, dass das Gericht dem Ersten Oberbereiter Klaus Krzisch zugestand, seine kritische Meinung über die SRS öffentlich äußern zu dürfen, weil ihm das Recht auf freie Meinungsäußerung gebührt. Innerhalb weniger Jahre verengte sich der Korridor für freie Rede im politischen und öffentlichen Leben allerdings drastisch. Der Maulkorb wurde ein salonfähiges Kleidungsstück, von vielen Untertanen mit Wohlgefühl getragen.

Info: Gesprächsleitfaden bei Presseanfragen

Liebe Mitarbeiter:innen,

bezugnehmend auf vorhergehendes E- Mail zu Herrn Andreas Hausberger möchte ich Ihnen einen Leitfaden für den Umgang mit der Presse bereitstellen.
Sollten Redakteur:innen/ Medienvertreter:innen Sie direkt kontaktieren und über Themen der SRS sprechen wollen bzw. Fragen stellen, wenden Sie bitte folgendes Wording an:

„Ich notiere gerne Ihren Namen und Ihren Kontakt, unsere Presseverantwortliche wird sich umgehend zu diesem Thema bei Ihnen melden."

<u>Medienanfragen per Telefon und persönlich:</u>

- Keine Statements über das Telefon abgeben
- Namen und Kontaktinfo der Journalist:innen notieren
- Für welches Medium arbeitet der/die Journalist:in?
- Wie kann der/die Journalist:in erreicht werden?
- An Presseverantwortliche (Nina Roiss) verweisen und Bescheid geben, dass diese sich rasch meldet.
- Info an Nina Roiss weitergeben

Bitte leiten Sie diese Information dann umgehend weiter:
Nina Roiss
0650 44 14 301
n.roiss@traberg-communications.at

Bei Fragen dazu bin stehe ich Ihnen gerne jederzeit zur Verfügung.

Liebe Grüße, Caro

Caroline Stöger-Duran
Leitung Marketing & PR

UNWISSENDE ANFRAGENBEANTWORTUNGSFIRMA

Hatte also ein Journalist eine Frage an den in Sachen Spanische Hofreitschule wenig wissenden Dr. Alfred Hudler, wandte er sich an Nina Roiss und ihre Firma Traberg Communications. Diese Firma hatte (zum Zeitpunkt, da ich dies schrieb) nicht einmal eine Homepage. Auf ihrer Facebook-Seite (mit gerade 177 Followern) deutete nichts auf irgendeine Affinität zu Hofreitschule oder Pferden hin. Wozu also Nina Roiss fragen? Wusste sie mehr als Dr. Hudler? Und wenn ich einen Oberbereiter oder Bereiter fragte, musste der mich an Frau Roiss verweisen. Ob sie mir eine informative Antwort geben konnte, die mehr sagt als ChatGPT oder Google? Sollten Fragende entmutigt werden, weil sie ohnehin keine valide Antwort erwarten konnten? Wer weiß. Schon eigenartig. Soll man darüber lachen? Soll man darüber weinen? Wer solche Angst vor freier Rede hat, muss offenbar sehr unsicher im Sattel sitzen.

Damit solches Procedere bei den Untergebenen verinnerlicht wurde, veranstaltete das Management „Kulturtage“, bei denen es wohl schwerlich um Verbesserung der Reitkultur gehen dürfte. Derartige Veranstaltungen finden allgemein vorzugsweise im staatsnahen Bereich statt und sind von der Belegschaft so lange toleriert, als die abgesessenen Stunden bezahlt werden. Wer gerne redet, kann sich dort erleichtern; die Chefität beweist damit Aktivität; Trainer, Coaches et al. verdienen. Der Steuerzahler finanziert. Cui bono? Für derartigen Aktionismus natürlich muss man auch gewisses Verständnis aufbringen: Was sonst sollte ein Geschäftsführer oder Aufsichtsratsvorsitzender, der keine oder wenig Ahnung von der Sache hat, denn sonst so tun?

LUXUS- & LIFESTYLE: TIEFES VERSTÄNDNIS

Ab Jänner 2025 leistete sich Dr. Hudler übrigens eine neue Public-Relations-Agentur, nämlich PR-International: „Als PR-Agentur im Luxus- und Lifestyle-Bereich wird das Team rund um CEO und Owner Gloria Taxl alle PR-Belange, medienrelevanten Themen sowie Event- und Influencer-Relations für die Institution übernehmen.“ Hudler: „‘Die Kombination aus umfassender PR-Expertise, einem internationalen Netzwerk und einem tiefen Verständnis für Luxus- und Kulturtourismus macht die Agentur zum idealen Partner. Gemeinsam wollen wir die Marke 'Spanische Hofreitschule' stärken, sie noch mehr Menschen und potenziellen Partnern weltweit zugänglich machen und so auch neue Möglichkeiten der Unterstützung und Zusammenarbeit schaffen.‘“[141]

Klingt schon schön. Doch welche „Marken“ im Kulturbereich sind schon stärker als die „Spanische Hofreitschule“? Und ob Frau Taxl es schafft, die Hallen bei Vorstellungen außerhalb Österreichs mit mehr Besuchern zu füllen, wird sich weisen. Möge das Geld wohl investiert sein. Und: Ob Frau Taxl Presseanfragen, welche das Bereiterpersonal nicht beantworten darf, sinnvoll beantworten kann, sei dahingestellt.

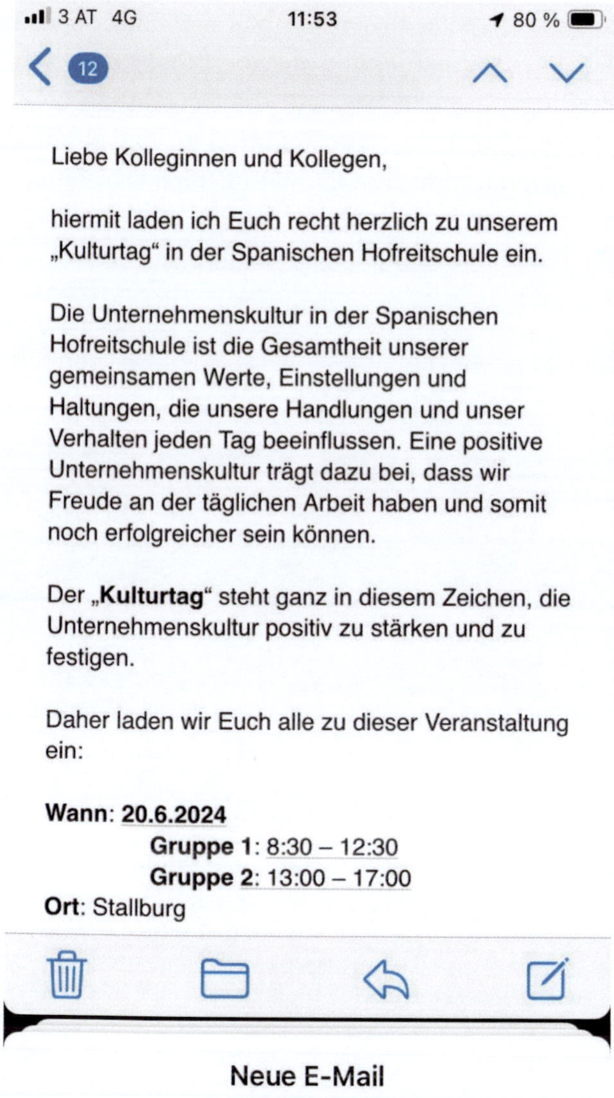

Wer weiß, vielleicht könnte Frau Taxl sich schlicht und einfach künstlicher Intelligenz bedienen und müsste dann nicht mehr bei der SRS nachfragen, was sie denn sagen soll. Das sähe dann so aus:

- Hallo Mensch, ich bin ein KI-Chatbot, Modell GPT-4.1 nano.
- Ich bin eine PR-Agentur für die Spanische Hofreitschule Wien. Immer wieder bekomme ich die Frage gestellt, ob die Spanische Hofreitschule Wien unter einem Qualitätsverlust leidet. Was soll ich antworten?
- Vielen Dank für Ihre Frage. Die Spanische Hofreitschule Wien ist eine traditionsreiche Institution, die seit Jahrhunderten für ihre hohe Qualität, ihre exzellente Ausbildung und ihre einzigartigen Darbietungen bekannt ist. Trotz der Herausforderungen, die jede

lange Tradition mit sich bringt, bleibt die Qualität unserer Arbeit stets auf höchstem Niveau. Wir investieren kontinuierlich in die Ausbildung unserer Pferde und Reiter, modernisieren unsere Infrastruktur und legen großen Wert auf die Bewahrung unserer kulturellen und historischen Werte. Unser Ziel ist es, die Tradition zu bewahren und gleichzeitig innovative Ansätze zu integrieren, um die Qualität unserer Darbietungen und unseres Angebots stets zu sichern. Sie können also sicher sein, dass die Spanische Hofreitschule Wien auch weiterhin für Exzellenz und höchste Standards steht.

Na bitte. Sieht doch gut aus, nicht wahr? Eine auf Hochglanz polierte, schöne, glatte Beantwortung. Haben Sie noch weitere Fragen? Übrigens: Nicht nur Sprechblasen glänzen wunderbar bunt, sondern auch Seifenblasen. Doch sie platzen bei Kontakt mit der Materie.

SRS in Piber. Kapriole. Foto: © Werner Poscharnigg.

SONSTIGES AUS DER HUDLER-ÄRA

SPRINGSPORT-FORMEL 1 OHNE SRS

Apropos „Verständnis für Luxus- und Kulturtourismus“, „Lifestyle“, „Event- und Influencer-Relations“, „Stärkung der Marke“ im SRS-Management: Die „Longines Global Champions Tour“, gastierte im September 2025 erstmals seit neun Jahren wieder in Österreichs Bundeshauptstadt. Diese weltweit höchstdotierte, prestigeträchtigste Springreitserie, die Formel 1 dieses Sports, fand im Ehrenhof des Schlosses Schönbrunn statt.

Leider ohne die Spanische Hofreitschule im Rahmenprogramm: Der Veranstalter, REMUS Innovation CEO Stephan Zöchling, teilte mit, „dass die Spanische Hofreitschule entgegen der ursprünglichen Ankündigung doch nicht Teil des Rahmenprogramms dieses weltweit wichtigsten Springreitwettbewerbs sein wird. Alle seine diesbezüglichen Bemühungen wurden mit sofortiger Wirkung eingestellt, da die erforderliche Vertrauensbasis für eine Zusammenarbeit nicht gegeben sei. ‘Es ist bedauerlich, dass die Spanische Hofreitschule kein Teil dieses Programms sein wird. Ich halte mich aber nicht länger damit auf, irgendwen von seinem Glück zu überzeugen. Wir werden dem internationalen Publikum dieser renommierten Veranstaltung auch so eine faszinierende Palette österreichischer Traditionen präsentieren‘, so Zöchling.“[142]

Aus der SRS hieß es dazu: „Für eine Zusammenarbeit hätte es gar keine Gespräche, geschweige denn eine Vereinbarung gegeben“.[143] Allerdings: Wo hätte sich die Spanische Hofreitschule besser und würdevoller der pferdeaffinen Weltöffentlichkeit präsentieren können, als vor dem herrlichen Schloss Schönbrunn?

Manche Entscheidungen wirken wahrlich wunderlich. Öffentliches Fazit: „Eine prestigeträchtige Kooperation mit dem Reitsportevent Longines Global Champions Tour Vienna scheiterte nach wechselseitig und öffentlich ausgerichteten Schuldzuweisungen.“[144]

ECYCLOPEDIA

Die Prinzipalinnen Gürtler und Klima ließen sich hübsch glänzende Broschüren fertigen, um ihre Verbundenheit mit der Reitschule und ihr Wissen darüber vor der Welt zu dokumentieren. Doch das von Dr. Hudler georderte Heft übertrifft die Vorgängerinnen-Büchlein: So stylish und geschliffen glänzen wenige SRS-Broschüren, die zum gefälligen Durchblättern einladen. Kompliment an die Werbeagentur Merlicek & Partner, renommierte Design- und Branding-Spezialisten. Das edle, 70-seitige Heft trägt – ohne falsche Bescheidenheit – den Titel „Encyclopedia", weil von A bis Z aus dem Leben der Hofreitschule Sachen besprochen bzw. gezeigt werden. Den Text schrieb Rosa Merlicek. Für jemanden, der sich erstmals der Spanischen Hofreitschule nähert, durchaus informativ.

Kritiker des Managements hingegen warten weniger mit Schick auf, als mit schnöden, unschmeichelhaften Fakten. Mir wurde der folgende interessante Text zugespielt, dessen Autor ich nicht kenne, der aber vieles von dem zusammenfasst, was die mit dem System Unzufriedenen so meinen. Abgefasst allerdings nicht im glatten Artificial-Intelligence-Stil, nicht in geschmeidigem Werbeagentur-Sprech:

Oberbereiter Herbert Seiberl: Am langen Zügel. Piber. Foto: © Werner Poscharnigg.

Spanische Hofreitschule:
Der Lack ist ab

Die neu aufgelegte Enzyklopädie der Spanischen Hofreitschule, die an die Besucher verkauft wird, mutet als Spiegelbild des aktuellen Zustandes der Spanischen Hofreitschule an. Einst in Aufmachung und Papier ein Qualitäts-Glanzstück, vermittelt diese nicht nur den Eindruck einer Billig-Werbebroschüre. sondern ist in einigen Bereichen fehlerhaft und mangelhaft. Vor allem lässt sie in Stil, Erscheinungsbild und inhaltlicher Qualität jeglichen Esprit von Qualität und Eleganz vermissen, der einer der ältesten größten Kultureinrichtungen Österreichs bisher ausgezeichnet hat.

So findet man in diesem Pamphlet kein einziges Bild von einer gesprungenen Kapriole unter dem Reiter und auch keine Courbette mit Reiter, und auch auch von der Levade und langem Zügel muss es-bessere Fotos geben. Gerade die Schule über der Erde ist das Herzstück der SRS. Und bei dem Bild vom langen Zügel mit einem Oberbereiter fragt man sich auch, welche Gangart da gezeigt wird.
Was völlig fehlt ist die Einbindung der Pfleger, wo immer wieder beteuert wird, wie wichtig deren Arbeit ist. Nur gewürdigt werden sie nicht.
Dafür findet man großformatige Bilder mit Bereitern, die herumlehnend etwas betrachten.

Dafür findet man aber ein knabenhaft wirkendes Foto aus dessen frühen Jugendjahren des neuen dritten Oberbereiters in der Sattelkammer. Apropos 3. Oberbereiter: Seine reiterlichen Fähigkeiten sind unbestritten erstklassig. Aber welche Kompetenzen und Ausbildungen als Führungskraft er mitbringt, die ihn befähigen die „Führung der Reitbahn-Mitarbeiter:innen" (Presseaussendung Sept. 2023) ausübungen zu können, sind schleierhaft, und so gesehen auch welche Kriterien für seinen Ernennung aussschlaggebend waren.

Auch Fakten sind falsch: „Marius Schreiner kam 1996 an die Hofreitschule … wurde er 2001 zum Bereiter". Jeder, der sich auch nur ein wenig mit der SRS befasst hat, weiss, dass die Ausbildung zum Bereiter zwischen 8 und 12 Jahren dauert.

Zum aktuellen Sittenbild gehört auch der jüngste Auftritt des Geschäftsführers in der Pressekonferenz , zu der dieser angesichts des 1-Jahres-Jubiläum geladen hatte. Ein Auftritt, der unter das Kapitel stillos, respektlos und beschämend fällt. Zunächst wurden einmal die Journalisten gebeten, ihre Fragen vorab zu schicken! Ein Schelm ist, wem dabei ein ehemaliges deutsches Land im Osten einfällt. Und dann hatten die Journalisten nicht einmal Zeit alle ihre Fragen zu stellen, oder gar Gelegenheit Einzelinterviews zu führen, weil der Geschäftsführer aus Termingründen „abtauchte".
Das muss man sich auf der Zunge zergehen lassen: Da lädt jemand zu einer Pressekonferenz ein, hat dann nicht einmal die Höflichkeit , sich Zeit für die Beantwortung aller Fragen zu nehmen und dreht sogar vorzeitig den Medienleuten den Rücken zu. Das ist ein Stil….!

Diese Stillosigkeit zeigt sich ja auch im Umgang mit den drei ehemaligen Granden der Schule - die beiden Ersten Oberbereiter Arthur Kottas-Heldenberg, Klaus Krzisch und Oberbereiter Hans Riegler, die ihre Expertise und Erfahrung in Verbundenheit mit „ihrer Schule" einbringen wollten. Immer wieder wurden die drei fadenscheinig und - für mich respektlos - hingehalten und vertröstet. Nicht einmal als Fachbeirat für den Aufsichtsrat hat man sie gewonnen. Hier drängt sich schon der Verdacht auf, dass man Angst hatte,

diese drei Experten könnten Dinge aufzeigen, die vielleicht unangenehm wären, und die eine Verbesserung der Qualität in der Reitbahn erfordert hätten.
Die Erfolgreichen in der Gesellschaft wissen aber um eine jahrhunderte alte Weisheit: „Um künftige Herausforderungen zu meistern brauche es den Elan der Jungen gepaart mit der Erfahrung der Alten." Aber wie gesagt: Das setzt ein wenige Fachkundigkeit, Stil, geschichtliches Wissen und den ehrlichen Willen zur Verbesserung voraus.

Im Gestüt Lipica in Slowenien dagegen schätzt man Erfahrung und Expertise, und hat sich vor kurzem Arthur Kottas-Heldenberg als Berater geholt. Dort hat man offenkundig erkannt, dass man nur besser werden kann, wenn man die Leistungen von Pferd und Reiter permanent verbessert.

Da ist es viel einfacher, wenn man sich so wie in der Hofreitschule viele Dinge einfach schönredet.

Denn dass in der Reitbahn die Qualität nicht mehr passt, wird von namhaften Fachleuten - die auch mit der Hohen Schule vertraut sind - immer wieder kritisiert. Offenkundig ist ein großer Niveau-Unterschied in der Reitbahn zwischen jenen, die noch nach den Grundsätzen der Klassischen Reitkunst ausgebildet wurden und das auch leben, ist dem geschulten Auge offensichtlich.

Und ich wäre auch gespannt auf die Antwort ob es stimmt, dass die SRS seit hunderten Jahren keinen Hengst im Programm hat, der vorführungsreif eine Courbette unter dem Reiter springen kann???

Auch der Grundsatz „Das Pferd bestimmt das Tempo der Ausbildung" ist zu einem guten Teil ein hohle Phrase. Interessant wäre es einmal, wenn die Geschäftsführung und die Oberbereiter jetzt transparent darstellen könnten, wieviel rekonvaliszente Hengste es gibt, wieviele Hengste zurück nach Piber oder in den Verkauf kommen, weil sie dem Ausbildungstempo und -druck nicht standhalten, und wie der Ausbildungsfortschritt der Hengste dokumentiert und vor allem mit Konsequenzen evaluiert wird.

Interessant wäre auch dokumenteiert zu haben, welche Pferde die Oberbereiter bis zur hohen Schule wirklich selbst ausgebildet haben.

Mit dem aktuellen Qualitätsverlust eng verbunden ist ein Personalabgang (teilweise suspendiert mit laufenden Arbeitsgerichtsprozessen) von langjährigen und erfahrenen Reitern wie Oberbereiter Hausberger, Bereiter Rothleitner und davor Herwig Radnetter, den man achselzuckend zur Kenntnis nimmt. Interessant dürfte es werden, falls die SRS ihre aktuell laufenden „Verfahren" wie im Fall Hausberger und Rothleitner verliert, wie schon die SRS im Fall Krzisch ordentlich eingefahren ist.

Ein langjähriger Kenner der Schule und Experte formulierte es in einem Gespräch so: „Traurig, dass die Spanische Hofreitschule so in den Keller gefahren wird. Die Leiter und ehemaligen Bereiter und Oberbereiter würden sich im Grab umdrehen, wenn sie die heutige Stimmung und Qualität der Schule sehen und mitbekommen würden".

Apropos „Schönreden": Großartig findet man die jüngste Idee der Geschäftsführung: Einladung zum Frühjahrsputz: „Gemeinsam werden wir entrümpeln, entmisten und Platz für Neues machen". Gemeinsam geht man auf die Suche nach einem alten Kaugummi-Papierl, aber bei der Qualität in der Reitbahn wird nichts angegriffen??? Wäre übrigens eine schöne Idee : Wenn die Bereiter eine kurze Pause während der Vorführung haben, könnten sie sich schnell ein Schürzerl umbinden, Papierln im Besucherraum aufheben und vielleicht noch Programme oder Shop-Produkte verkaufen!

Dafür wälzt man halt andere Pläne, ob man etwa in Piber eine der populärsten Veranstaltungen, die Muttertagsgala abschaffen und durch eine andere Veranstaltung ersetzen will. Aber dafür hat man in Piber einen Kletterpark gebaut, der mit der Zucht der Lipizzaner absolut nichts zu tun hat. Man kann aber in Piber keinen der so beliebten Fahrkurse mehr machen und auch Kutschenfahrten sind derzeit defakto nicht möglich. Das vor dem Hintergrund, großer Personalabgänge aktullenen Personalmangel gibt. Aber der Geschäftsführer nimmt das gelassen flappsig: „Es sei zwar schade, wenn langjährige Mitarbeiter gingen, aber es gebe in der Regel gute Nachfolger“..
Nur mit Pferden in einem Gestüt und in der Reitbahn fachgerecht umzugehen - dazu braucht es Wissen, Erfahrung, Können und Gefühl. Das geht in diesem sensiblen Bereich mit dem Lebewesen Pferd nicht von heute auf morgen - das dauert Jahre. Vor allem ist diese Tätigkeit etwas anderes als z.. Bierflaschen in einer Brauerei befüllen zu lassen.

Aber dafür wurde in den Ausbau der Verwaltung der Verwaltung und Dienstleistungen investiert. Eine zusätzliche Personalchefin, zusätzlich zur Presse-Dame noch Agenturen - man ist zwar knapp bei Kassa, aber dafür scheint Geld vorhanden zu sein. Eine berechtigte Frage ist, wie hoch dadurch der Mehr-Aufwand für Personal und externe Dienstleister beträgt was der Aufsichtsrat dazu eigentlich sagt.

Und noch einen Luxus will man sich gönnen: Der Geschäftsführer will offenkundg mit der Neugestaltung des Eingangsbereich seinen Stempel hinterlassen. Vielleicht schafft er es, das umstrittene Balkonprojekt einer seiner Vorgängerinnen Elisabeth Gürtler zu überbieten, das von vielen als Schönheits-Schlag in das Gesicht der Archtiekten Johann Bernhard Fischer von Erlach und seinem Sohn Emanuel gesehen wird.

In einem Bereich glühen aber die Sitzunterlagen in der Spanischen Hofreitschule: Hier sind aber nicht die Sättel der Reiter gemeint, sondern die Sesselbezüge in den Tagungsräumen. In den letzten Monaten grassiert dort so etwas wie ein Sitzungs- und Workshop-Fieber, das ungeheure Ressorucen bindet. Man will ein Leitbild für die Zukunft der Spanischen Hofreitschule erstellen…!
Das muss man sich auf der Zunge zergehen lassen: Man will etwas erfinden, das ohnehin durch den Gesetzgeber vorgegeben ist!!! Man braucht nichts Neues erfinden - es ist alles seit Jahrhunderten da, man braucht nur darauf achten, dass die Qualitätskriterien in der Reitbahn stimmen.

Da genügt nicht der Spruch „Alles gut, alles so toll“- die Wahrheit lässt sich wie gesagt nicht schönreden.
Freilich kann man zwei weitere Gruppen nicht aus der Verantwortung überlassen: Den Aufsichtsrat und die Politik, die es ermöglicht haben, dass ein Manager ohne einen Funken Wissen um die Pferde und die Klassische Reitkunst das älteste und renomierteste Reitinstitut der Welt leitet.

Und wenn diese Broschüre mit ihren Qualitätsmängeln und dem billig anmutenden Erscheinungsbild das Spiegelbild für die Spanische Hofreitschule ist, kann man dieses in einem kurzen Satz zusammenfassen: „Der Lack ist ab!“

Die Bereiterinnen Hannah Zeitlhofer & Theresa Stefan. Pas de deux. Piber.
Fotos: © Werner Poscharnigg.

17.000 STIMMEN FÜR DEN ERHALT DER ÖSTERREICHISCHEN REITKUNST

In ein ähnliches Horn stieß 2023 Alfons J. Dietz, ehemaliger Bereiter an der SRS und anerkannter Trainer für klassische Reitkunst. Er startete bei *change.org* eine Petition an Landwirtschaftsminister Norbert Totschnig, Aufsichtsratsvorsitzenden Martin Winkler sowie UNESCO Weltkulturerbe Österreich. Diese sehr beachtliche Petition erreichte rund 17.000 (!!!) verifizierte Unterschriften aus dem internationalen Raum:

„Stopp der Zerstörung des Weltkulturerbes Spanische Hofreitschule.
Das Problem: Seit nunmehr 15 Jahren fällt die Qualität der Reitkunst in der Spanischen Hofreitschule ins Bodenlose. Lasst uns dieses einmalige Kultur- und UNESCO-Weltkulturerbe erhalten. Es ist die letzte Möglichkeit, den Auftrag der Spanischen Hofreitschule - Erhaltung und Förderung der klassischen Reitkunst - zu retten. Wenn wir nicht sofort handeln, ist dieses Kulturgut unwiederbringlich verloren.
Forderungen:
1. Leitung der Schule in die Hände eines Fachmannes/Frau mit tiefer Verwurzelung in der klassischen Reitkunst
2. Weg vom Ressort der Landwirtschaft, hin zum Kulturressort.
3. Reintegration des alten Wissens durch Reaktivierung von Oberbereitern in Ruhe.“[145]

Reaktionen von Entscheidungsträgern konnten bisher nicht wahrgenommen werden. Man sitzt die Sache erwartungsgemäß aus und hält sich offenbar an den in Österreich bewährten Spruch: „Nicht einmal ignorieren.“

JOCHEN ROTHLEITNER: EINE AUSSCHAFFUNG MEHR

Eine weitere Unannehmlichkeit der Ära Klima / Hudler war die Entfernung des langjährigen Bereiters Jochen Rothleitner aus der „Spanischen“.

Rothleitner hatte „Vorgänge rund um ein Ermittlungsverfahren kritisiert, in dem es darum ging, dass Ressourcen der ‘Spanischen‘ zum privaten Vorteil der Tochter des Aufsichtsratsvorsitzenden missbräuchlich verwendet worden seien und dies auf ausdrückliche Anweisung der Geschäftsführung gegenüber dem reiterlichen Personal – zu dem auch der Kläger zählte – erfolgt sei. Einen weiteren Konfliktpunkt hätten finanzielle Boni betroffen, die ihm die Geschäftsleitung geschuldet hätte“.[146]

Da traf es sich doch gut, dass dem Weststeirer Rothleitner, der die politisch korrekte Sprechweise vielleicht noch nicht so geschmeidig verinnerlichte, ein Fauxpas passierte: „Bis auf eine Aussage – ein weiblicher Reitlehrling würde keinen besonderen Sattel (hinsichtlich der Größe) benötigen, da sie ‘eh keinen Arsch‘ hätte – hat Rothleitner die ihm vorgeworfenen Aussagen stets bestritten und war deshalb – erfolgreich – vors Arbeitsgericht gezogen, um seine fristlose Entlassung anzufechten.“[147]

Jochen Rothleitner, hier erster Bereiter im Bild. Wien, Heldenplatz 2015.
Foto: © Werner Poscharnigg.

Doch Rothleitner wurde 2024 nicht wieder eingestellt, sondern – so wie zuvor Krzisch oder Hausberger – bei vollen Bezügen (in diesem Fall mindestens ca. € 85.000.- pro Jahr) dienstfrei gestellt. Und das, obwohl er sich für seine unpassende Wortwahl entschuldigte. Und die ohnehin finanzmarode Hofreitschule zog vor den Obersten Gerichtshof, um das Urteil anzufechten.

Ob diese Handlungsweise des Managements der Institution finanziellen Schaden zufügte? Ob die Entscheidungsträger damit leichtfertig 37 Jahre Expertise in Sachen Reitkultur entsorgten? Und damit zum wiederholten Mal die junge Bereitergeneration von der Überlieferung abschnitten? Ob man sich damit des letzten unbequemen Kritikers innerhalb der Institution entledigen wollte? Ob man den jungen Bereitern damit signalisierte: Aufmüpfigkeit kann existenzgefährdend sein!? Von totalitären Systemen kennen wir das Diktum: „Bestrafe einen, erziehe tausend." Ob das auch Grundsatz moderner Betriebsführung sein mag?

Nicht zu vergessen: Manager wie Winkler und Hudler etc. gibt es in ausreichender Quantität, und sie sind jederzeit leicht ersetzbar. Hochkarätige Experten der klassischen österreichischen Reitkunst mit jahrzehntelanger Erfahrung – wie Krzisch, Riegler, Eder, Hausberger, Rothleitner – gibt es nur sehr wenige; und sie sind unersetzlich.

SKILL UP, LIPI!

Im Zug eines anderen Entlassungsfalls kam Interessantes ans Licht: 2024 wurde eine 27-jährige Bereiter-Anwärterin nach sieben Ausbildungsjahren gekündigt, weil sie den Anforderungen nicht entsprochen habe. Dagegen ging sie gerichtlich vor. Die Hofreitschule verwies in diesem Zusammenhang auf eine im Betrieb 2023 eingeführte Neuerung: „Der 'Skill Up Plan' deckt laut Alfred Hudler, Geschäftsführer der 'Spanischen', alle Entwicklungsbereiche eines Reiters ab, angefangen bei Eleven bis hin zu Bereiterinnen bzw. Bereitern…Jede Ausbildungsstufe eines Reiters kann somit in einzelnen 'Quality Gates', welche nach Kategorien gegliedert sind, laufend überprüft und dokumentiert werden."[148] Nette neue Framings für etwas, das es in jedem Betrieb, in jeder Ausbildung seit Menschengedenken gegeben hat: Weiterbildung, deren Erfolg man dokumentiert. Doch mit solch wichtig wirkenden Worthülsen kann sich ein Management professioneller, technischer, objektiver darstellen und sich den Anschein geben, etwas zu beherrschen, wovon es vielleicht kaum Ahnung hat.

Wer näher wissen möchte, was es mit diesem Wunder-Personalentwicklungsprogramm auf sich hat, erfuhr bei erster Nachfrage von Googles KI Erstaunliches: „SkillUP ist ein kostenloses Programm, das SNAP-Empfängern (Lebensmittelmarken) bei der Suche nach einem (oder einem besseren) Job hilft,…eine Initiative zur beruflichen Qualifizierung, die jungen Menschen helfen soll, neue Fähigkeiten zu erlernen und ihre Chancen auf dem Arbeitsmarkt zu verbessern. Es wird von verschiedenen Organisationen wie der Welthungerhilfe und der Internationalen Arbeitsorganisation (ILO) angeboten und kann sowohl in Entwicklungsländern als auch in Industrieländern Unterstützung bieten."[149] So ist dieses Programm für die SRS zwar möglicherweise nutz-, doch immerhin kostenlos. Jedenfalls aber ein Tool, welches arglosen Beobachtern zeitgemäße Managerpower suggerieren soll.

UNTERNEHMENSLEITBILD

2025, also im 460. Jahr ihres Bestehens, präsentierte die Spanische Hofreitschule ihr Unternehmensleitbild gemäß dem gesetzlichen Auftrag:

„Unsere Vision:
Wir stehen für Lipizzanerzucht und klassische Reitkunst auf höchstem Niveau.
Durch Schönheit, Perfektion, Tradition und lebendige Geschichte begeistern wir grenzenlos.

Unsere Mission:
Das Wohl unserer Lipizzaner und der Respekt gegenüber dem Pferd bestimmen unser Handeln.
Wir vermitteln Wissen über Lipizzanerzucht, klassische Reitkunst und Geschichte.
Gegenseitiger Respekt, Zusammenhalt und klare Kommunikation sind Basis unseres Erfolgs als Team. So überzeugen wir bestehende und gewinnen zukünftige Kolleg:innen.
Wir schaffen weltweit einzigartige Erlebnisse und Emotionen für unsere Besucher:innen.
Durch die stetige Stärkung unserer hochwertigen Marke erzeugen wir Anreize für unsere Kooperationspartner:innen.
Unsere wirtschaftliche Nachhaltigkeit sorgt dafür, dass wir das Wohl der Lipizzaner und die klassische Reitkunst auf höchstem Niveau sichern.“[150]

Alle Menschen, welche die Spanische Hofreitschule lieben, hoffen, dass all diese hehren Ziele erreicht werden.

DEFIZITSTAU

Dr. Hudler wurde, wie alle bisherigen Geschäftsführer der Institution, ein weiteres Opfer der gesetzlichen Fehlkonstruktion Ausgliederung. Die Schulden, welche sich unter Pohl anfingen anzuhäufen, konnte keine(r) mehr abbauen. Leidtragende waren stets die Pferde und Reiter, denn sie wurden zu vermehrtem Arbeitseinsatz gezwungen. Sinnloserweise. Wieviel sie auch noch hätten roboten müssen, sie hätten das Defizit nicht verringern können. Die Resultate waren stets nur: Verlust der künstlerischen Qualität und vorher nie gekannte Lahmheitsprobleme.

Wie wir bereits erfuhren, knausert das Landwirtschaftsministerium, dem die SRS untersteht, in geizigster Weise mit Unterstützung, verglichen mit der Förderung der Staatsoper durch das Kulturministerium. Wenn 2025, trotz anhaltender Wirtschaftskrise mit Staatssparzwang, ein Förderplus von 80 % auf 4,5 Millionen € sich wie ein warmer, willkommener Regen anfühlte, diente diese Summe doch vornehmlich der Restaurierung der Gebäude, welche die SRS benützt. Sie ist dazu – unglaublicherweise - gesetzlich verpflichtet. Diese Gesetzesschreiber waren schon massive Phantasten.

„Was weniger bekannt ist: Zwar hat sich der Umsatz des Lipizzanerzucht- und Reitkunstunternehmens (Levade, Kapriole & Co) wieder auf Vor-Corona-Niveau erholt (2024: 12,9 Millionen Euro). Doch die jahrelangen operativen Verluste haben den Verlustvortrag der SRS laut zuletzt veröffentlichter Bilanz (2023) auf fast 32 Millionen Euro ansteigen lassen.

In Wirklichkeit haben also nicht nur die historischen Reitsäle in der Hofburg Renovierungsbedarf, sondern eher das Geschäftsmodell.

Trotz stetig steigender Bundeszuschüsse kommt die SRS nicht aus der Verlustzone heraus. Nachdem man jahrelang mit rund einer Million Euro an Subventionen das Auslangen fand, brachte Corona die Institution komplett außer Tritt.“[151]

Daher wurde die Basisförderung 2024 gesetzlich auf 2,5 Millionen € erhöht. Immer noch weit unter Staatsopernniveau.

„Alfred Hudler, seit 2022 Geschäftsführer des Unternehmens, macht für die Bilanzentwicklungen Altlasten verantwortlich. Ob ihm 2024 die Trendwende schon gelungen ist, will er nicht verraten, die Subventionen sprechen dagegen: ‘Die Bilanzverluste haben sich in der Vergangenheit angehäuft‘, erklärt er in einer Stellungnahme…Vorsorglich setzt er noch hinzu, ‘dass eine buchmäßige Überschuldung für sich allein noch keinen Insolvenztatbestand darstellt, da dieser durch Vorhandensein von stillen Reserven in Grundstücken etc. widerlegt werden kann‘.“[152] Dieser Bilanzposten, quasi das Familiensilber der SRS aber, ca. schöne 47 Millionen €, müsste in (inflationäres) Geld umgewandelt werden. Wo der Staat allerdings wirtschaftet, wird eher schlecht gewirtschaftet. Wir erinnern uns: In der Ära Aigner waren die zu verkaufenden Immobilien plötzlich viel weniger wert. Hatten nette Leute sie sich günstig unter den Nagel gerissen? Wer weiß. Ob das wieder passieren könnte?

„Die seit Jahren laufenden Querelen mit ehemaligen Oberbereitern konnte Hudler bisher noch nicht befrieden. Erneut wurde vor wenigen Wochen eine Kollegin gekündigt, auch hier drohen Rechtsstreitigkeiten. Die Stimmung scheint angespannt, dem Vernehmen nach steht nun ausgerechnet ein Finanzexperte aus dem Unternehmen vor dem Abgang. Viele von Hudler eingeleiteten Maßnahmen brauchen länger, bis sie sich auch monetär niederschlagen, von der Modernisierung des Merchandisings bis hin zu neu gestalteten Werbeauftritten.“[153]

OBERBEREITER MARCUS NOWOTNY

Im Herbst 2023 wurde ein neuer Oberbereiter ernannt: „Während Herbert Seiberl für die Planung zuständig ist und Rudolf Rostek für die Kommunikation, wurde Marcus Nowotny mit der vielleicht anspruchsvollsten Aufgabe betraut: der Führung der Mitarbeiterinnen und Mitarbeiter der Reitbahn.“[154] Als Reiter mit Herz, Können und Ehrgeiz kann Marcus Nowotny dieser an der Hofreitschule schwierigsten Herausforderung mit Glaubwürdigkeit durchaus gewachsen sein. Nach wie vor aber gab es keinen Ersten Oberbereiter, welcher klar die Verantwortung für alles Pferde- und Reitgeschehen übernahm. Und Mangel an Klarheit bringt in jeder Lebenslage Probleme und Defizite mit sich.

Was die Direktion Hudler anders sah: „Die Hauptaufgabe liegt klar in der Ausbildung der Bereiter:innen und der Pferde, um klassische Reitkunst auf höchstem Niveau zu vermitteln – immer in Einklang mit dem Tierwohl. Damit den Oberbereitern dafür möglichst viel Zeit zur Verfügung steht, wurden die Managementaufgaben kompetenzbasiert zwischen den drei Oberbereitern Herbert Seiberl, Rudolf Rostek und Marcus Nowotny aufgeteilt und klare Verantwortlichkeiten geschaffen.“[155]

Bereiter Marcus Nowotny. Solo „Alle Gänge & Touren der Hohen Schule“.
Wien, Heldenplatz 2015. Foto: © Werner Poscharnigg.

Die Erfindung eines „Ersten“ Oberbereiters der Spanischen Reitschule ist ein Produkt des 19. Jahrhunderts. Weil die beiden Oberbereiter Niedermaier und Gebhardt den gleichen Rang gehabt hätten und es somit eine unklare Hierarchie gegeben hätte, wurde Niedermaier Erster Oberbereiter. Nach dessen Pensionierung wurde Gebhardt dann einfacher Oberbereiter. Die Notwendigkeit eines Ersten Oberbereiters ergibt sich vor allem, wenn reiterlich Ahnungslose in der Direktion sitzen. An die Hierarchieprobleme in der der Ära Krzisch – Ernst Bachinger erinnern wir uns. Schönerweise und interessanterweise wurde von den durch Sonja Klima „höchstselbst“ eingesetzten Oberbereitern Rostek und Seiberl der Bereiter Marcus Nowotny im Sinne der Tradition von diesen beiden Oberbereitern der Geschäftsführung erfolgreich vorgeschlagen: „Die Tradition der Spanischen Hofreitschule besagt, dass man ausschließlich durch überragende Leistungen zum Oberbereiter ernannt werden kann. Es müssen mehrere Pferde in der hohen Schule der klassischen Reitkunst erfolgreich ausgebildet worden sein, dies beinhaltet die Schulen auf als auch über der Erde. Wer zum Oberbereiter ernannt werden soll, obliegt den amtierenden Oberbereitern und wird der Geschäftsführung als Vorschlag unterbreitet…Um Bereiter:in zu werden, muss ein Hengst für die Schulquadrille ausgebildet werden, als Oberbereiter:in müssen mehrere Hengste sowie gleichzeitig Bereiter:innen ausgebildet werden. Ebenso muss über Jahre hinweg eine konstante Leistung erbracht und die Spanische Hofreitschule und deren Lehre nach bestem Wissen und Gewissen mit dem eigenen Auftreten und den Lehren repräsentiert werden. Der Tradition zufolge wird der Geschäftsführung von den amtierenden Oberbereitern ein einstimmiger Vorschlag unterbreitet.“[156] Beruhigend, dass nach Klimas Traditionsbruch die Tradition fortlebt.

460 JAHRE SPANISCHE REITSCHULE

Nach 24 Jahren unseliger, viel Unfrieden stiftender „Privatisierung“ blickte die Hofreitschule 2025 auf 460 Jahre wechselvoller Geschichte zurück. Es gab eine Jubiläumsgala im Mai und eine Festvorführung in Kleinwetzdorf / Heldenberg. (Bei Letzterer konnte ich übrigens Dr. Hudler nicht entdecken.) Mit dem Wiederanlaufen des Tourismus in Wien nach der Corona-Plandemie konnten höchst befriedigende Kartenverkäufe erzielt werden. In der Stallburg wurden modernisierende Baumaßnahmen gesetzt. Die Decke der historischen Winterreitschule bedurfte der Sanierung, weshalb der Betrieb eingeschränkt werden musste. Der amtierende Landwirtschaftsminister Norbert Totschnig gab ein Lippenbekenntnis zur Finanzierung der Hofreitschule ab, wurde unterwürfigst gejubelt. Ja, was denn sonst? Welcher Minister könnte es wagen, die Spanische Hofreitschule in den Konkurs zu schicken?

2024 war ein „Expertengremium“ eingesetzt worden, bestehend aus Elisabeth Max-Theurer (das ist die Dame, welche mit nur 1370 Punkten Olympia-Siegerin wurde), „Olympia-Dressurreiterin Nathalie zu Sayn-Wittgenstein und Fünf-Sterne-Richter Thomas Lang. Dazu kamen bisher zwei wechselnde ehemalige Oberbereiter, zuletzt Wolfgang Eder. Beurteilt wird im Laufe eines Jahres jeder Hengst, zusätzlich gibt es Feedback zum Zustand der Pferde wie auch zum Reiten.“[157] Das klingt doch für jeden sachlich denkenden Menschen durchaus vernünftig und zukunftsfähig, wenn es funktioniert. Hoffen wir das Beste! Allerdings hat in diesem Gremium die Dressur-Fraktion eine Mehrheit von 75 Prozent und kann damit einen ehemaligen Oberbereiter jederzeit ausbremsen und mithin den Sport-Dressur-Standard begünstigen.

Bereiter Philipp Burg. Heldenberg. Foto: © Werner Poscharnigg.

DIE REITERLICHE QUALITÄT IM NEUEN MILLENNIUM

Erstmals in der wechselvollen Geschichte der Spanischen Hofreitschule wurden kompetente Oberbereiter einfach kaltschnäuzig entfernt: Krzisch, Riegler, Hausberger. Kottas und Eder gingen freiwillig vorzeitig. Damit wurde der Fluss der mündlichen Überlieferung der Reitkunst zwar nicht abgebrochen, doch geschwächt, weil nur noch das von den alten Meistern an die Jungen weitergegebene Wissen und Können in der Reitschule vorhanden war, ohne dass die Alten korrigierend und formend eingreifen konnten.

Wie bereits erwähnt: Die „Politik" hatte sich ein Hofreitschul-Gesetz schreiben lassen, das nicht funktionieren konnte. Nirgendwo auf diesem Planeten gibt es ein Spezialrassengestüt, das nicht massiv subventioniert werden würde. Die von der „Politik" eingesetzten willfährigen „Führungspersönlichkeiten" waren stets ihren Gönnern treu ergeben und exekutierten das von ihnen Erwartete. Das Resultat waren schlechtere künstlerische Qualität und bisher nie gekannte Lahmheiten. Die Pferde und ihre Reiter konnten einfach nicht das heraufbeschworene Defizit abarbeiten.

NERVENSCHNITTE

Mit der unangemessen vermehrten Zahl von Aufführungen, vielleicht auch mit neuem Reitbodenmaterial, kam es zu früher nie gekannten Lahmheiten. Die Schnellausbildungsprämie tat das ihre, um die Hengste vorzeitig zu verschleißen. Manche davon wurden mittels Neurektomie, dem Nervenschnitt, „kuriert".

Klaus Krzisch: „Bei diesem sogenannten Nervenschnitt wird ein Nerv eines Pferdes durchtrennt und damit die Schmerz-Empfindlichkeit unterbunden. Dies kann zwar weiteres Leiden verhindern, birgt aber auch die Gefahr für das Pferd, sich bei entsprechender Überlastung erst recht zu verletzen…Daher ist eine solche Operation immer nur Ultima Ratio und ist nach einer solchen Operation eine starke Belastung, wie Einsatz in Renn- der Springveranstaltungen oder Dressurtournieren nach den jeweiligen Reglements ausdrücklich verboten. Vertretbar ist nur

Bereiter Florian Zimmermann. Courbette. Heldenberg. Foto: © Werner Poscharnigg.

noch ein leichter Ausritt, sicherlich aber keine Hochleistung, wie sie die Hengste in der Hofreitschule erbringen.“[158]

Die solcherart behandelten Hengste aber wurden vorerst weiter eingesetzt, und erst nachdem die Sache ans Licht kam, ins Pensionsquartier nach Piber verbracht. Interessanterweise wollte weder der Aufsichtsrat noch sonst jemand für die Neurektomie-Entscheidung und den folgenden Show-Einsatz verantwortlich zeichnen.

ROLLKUR

Auf Facebook tauchten Fotos auf, welche jeder klassische Horseman als probates Brechmittel empfinden wird. Dr. Ulrike Thiel hatte sie in der Sommerreitschule gemacht. Man sieht darauf Reiter, die ihre Pferde höchst unschön behandeln: Nase bis zur Brust hinein-hinunter, Hals zur Seite überbogen etc. Alles, was man landläufig als Rollkur bezeichnet.

„Rollkur, auch Hyperflexion genannt, ist eine Trainingsmethode im Pferdesport, bei der der Pferdekopf durch den Reiter gewaltsam in eine stark gebeugte Position, oft mit dem Nasenrücken hinter der Senkrechten, gebracht wird. Diese Praxis ist im Dressurreiten und anderen Disziplinen umstritten und wird von vielen als Tierquälerei abgelehnt, da sie zu gesundheitlichen Problemen beim Pferd führen kann. Die FEI, der internationale Dachverband des Pferdesports, hat Rollkur als eine Form der Tierquälerei (mittlerweile) verboten.“[159]

Diese brutale Unsitte erfreute sich in der Dressurszene großer Beliebtheit. Ob sie auch an der Spanischen Hofreitschule zumindest für einige Zeit angewandt wurde? Eine anonyme Person, die dort arbeitete, behauptete mündlich: „Die reiten alle so, besonders vor Vorführungen.“

Hoffen wir, dass das nicht stimmt. Jedenfalls war die mediale Entrüstung groß: Der Hort klassischer, einfühlsamer Pferdeausbildung wurde ins schlechte Licht gerückt:

„Empörte User wenden sich auf Facebook gegen die Spanische Hofreitschule und werfen ihr Tierquälerei vor. Grund dafür sind Bilder, die angeblich Reiter der Hofreitschule beim Training mittels Rollkur an den Pferden zeigen. Lipizzaner-Chefin Elisabeth Gürtler beruhigt: Die quälende Methode werde in der Hofreitschule nicht angewandt und wer die Rollkur verwende, fliege ausnahmslos aus der Schule.“[160] Die Rollkur-Bilder bezeichnete sie als unzulässige Momentaufnahmen, welche nicht das wahre Training dokumentieren.[161] „Aber Christine Aurich, Universitätsprofessorin an der Veterinärmedizin Wien und Autorin einer Studie zu der strittigen Methode, meint zweifelsfrei: ‘Auf den Fotos ist eindeutig die klassische Rollkur zu sehen.‘“[162]

Doch Oberbereiter Herbert Seiberl antwortete im Interview auf meine Frage „Gab es tatsächlich Rollkur?“: „Rollkur gab es eigentlich nie.“[163]

Der von Gürtler entfernte Erste Oberbereiter Klaus Krzisch kritisierte, dass junge Bereiter vom System keine klaren Leitlinien mehr bekämen:

„Es ist für mich daher auch kein Zufall, daß immer öfter im Internet Fotos und Videos kursieren, wo man die Lipizzaner in Rollkur-Haltung sieht. Das ist letztlich auch dadurch verursacht, daß die Pferde – und auch manche Reiter – überfordert sind und heute nicht mehr so ausgebildet werden kann, wie es eigentlich sein sollte…Rollkur ist ein Problem – und zwar in mehrfacher

Hinsicht…Die Rollkur ist gegen die Natur des Pferdes und hat daher in der klassischen Reiterei nichts zu suchen. Der Kopf und der Hals eines Pferdes sind seine Balancestange. Und das Pferd ist dann am besten ausbalanciert – und zwar in allen Lektionen – wenn es kurz vor der Senkrechten ist, das war in der klassischen Reitkunst stets so und glücklicherweise entdeckt man das jetzt auch im Dressursport wieder…Tatsache ist, daß ein paar Reiter die Rollkur praktizieren – die Jungen schauen sich das ab und machen das ganze nach.“[164]

In diesem Interview mit „*ProPferd*“ bemängelte Krzisch auch, dass durch *Divide et impera* und Druck des Gürtler-Managements der Teamgeist der Equipe stark gelitten habe. Etwas, das Dr. Alfred Hudler durch seine Maßnahmen derzeit wieder zu reparieren trachtet.

VERSUCH EINER ANNÄHERUNG: WIE GUT REITET DIE SRS?

Was für eine schwierige Frage. Wer versucht, sie seriös zu beantworten, begibt sich auf ganz dünnes Eis. Als Dr. Hudler vorhatte, die SRS-Reitqualität von externen Dressur-Richtern prüfen zu lassen, vermerkte Ludwig Hoffman, Vizepräsident des Österreichischen Pferdesportverbandes und Vorsitzender des Richterausschusses zutreffend: „Da wird es nicht sehr viele geben, die infrage kommen.“[165]

Sehen wir uns Menschen an, welche die Spanische Hofreitschule beurteilen können / wollen / sollen:

- Der freundlich-naive, ahnungslose Beurteiler kann sich voll Begeisterung der Schönheit von Ross und Reiter hingeben, dem wunderbaren Tanz der Harmonie, und er kann sagen: Das ist schön. Sein Gegenteil, der unfreundlich-naive, ahnungslose Betrachter sucht instinktiv nach Fehlern, nach Negativem, das er finden wird, und er wird im Brustton der Überzeugung sagen: Das ist schlecht.
- Die schlimmste Sorte von Beurteilern sind die Halbgebildeten, die sich mit einem Buch, Video oder Wochenendseminar ein bisschen Wissen aneigneten und damit großmäulig über gut und schlecht richten. Sie bilden die große Masse der Scheinexperten für alles und jedes; vor allem in der Reiterei. Das Internet bietet ihnen eine breite Bühne, auf der sie sich mit Gleichgesinnten zu einer unüberhörbaren Stimme zusammentun können. Auf ihr Urteil ist wenig Wert zu legen.
- Gehen wir zu den langjährigen, guten Reitern: Sie können schon mehr sagen, ihr Urteil hat besseres Fundament. Sie mögen bis zum Grand-Prix-Niveau reiten, eventuell Olympia-Gold errungen haben. Fragt sich nur: Konnten sie ihre Pferde (besonders Hengste) bis zu diesem Niveau selbständig ausbilden? Oder bedurften sie der Unterstützung? Dennoch: Ihr Urteil kann schon von Wert sein.
- Da wären dann die Richter: Gut, sie können Ausbildung bis zur höchsten Klasse Grand Prix haben und selbst sehr gute Reiter sein. Daher ist in der Tat ihr Urteil hoch beachtenswert. Doch werden sie aufgrund ihrer Schulung als positives, erstrebenswertes Bild der Leistung nicht den Lipizzaner und seine Vorzüge im Kopf haben, sondern vor allem den deutschen Warmblütertyp und wie er landläufig geritten wird. Die Bereiter der SRS

würden sich diesem Idealbild unterordnen (müssen), ihm nacheifern, sehr zum Schaden der österreichischen Reitkunst. Früher oder später würden die Lipizzaner warmblutähnlicher gezüchtet. Außerdem bringt die internationale Dressurrichterschaft die Reiter und Trainer dazu, ungesunden, übertriebenen, manchmal vielleicht schon surreal wirkenden Gangidealen nachzujagen. Ob solche Gänge mit natürlich-klassischen Methoden aus den Pferden herausgeholt werden können?

- Doch der wahre Kenner der Qualität oder Nicht-Qualität der Spanischen Hofreitschule kann nur derjenige Pferdemann sein, der Hengste (nicht nur Wallache oder Stuten) von der Koppel bis zum Grand-Prix-Niveau und zu allen Schulen über der Erde selbständig ausbildete und reitet!!! Nur eine solche Persönlichkeit ist wahrhaftig beachtenswert, ein valides Urteil über die SRS-Reiterei abzugeben!!! Punkt. Ihr Urteil über Ross und Reiter ist allen Meinungen der hier oben Besprochenen vorzuziehen. Die anderen kann man hören. Doch im Zweifelsfall zählt, was diese Persönlichkeiten sagen. Ihre Expertise gilt. Allerdings gibt es von dieser Sorte Pferdeleute weltweit nicht so viele. Desto wertvoller sind sie. Desto mehr werden sie von den Neidern, welche derartige Kompetenzen nicht aufweisen, kleingeredet. Und sie, diese wahren Experten selbst, sind zwar Meister des Pferdes, doch oft nicht des Wortes.

Bis zur Umwandlung in eine „Gesellschaft öffentlichen Rechts“ im Jahr 2001 stand dic rcitcrliche Qualität der Spanischen Reitschule Wien unangefochten da. Jeder sprach von ihr nur ehrfurchtsvoll und in höchsten Tönen. Mit dem in den letzten 25 Jahren angerichteten Wirrwarr kam die reiterliche Qualität der Schule ins Gerede. Sehr oft zu Unrecht. Manchmal zu Recht. Wir erinnern uns, dass Oberbereiter Seiberl sagte, dass aufgrund der viel zu vielen Vorstellungen und Trainings die Pferde sparsamer eingesetzt wurden, um sie zu schonen; die einzelnen Vorführungsabschnitte wurden merklich gekürzt, was beim Fachpublikum oft für Unmut sorgte.

In der Ära 2000 bis 2025 gab es – wir erinnern uns - als absolute Glanzlichter die Auftritte der SRS in Paris-Bercy und 2015 anlässlich der 450-Jahr-Feiern auf dem Heldenplatz in Wien. Das waren unwidersprochen überragende Leistungen.

St. GEORGS ÜBERSCHWÄNGLICHES LOB

Im November 2022 trat die Spanische Hofreitschule in Neumünster auf, vor viel Fachpublikum auch aus der Trakehnerszene. Die St. Georg-Herausgeberin Gabriele Pochhammer schrieb über unsere SRS erfreulicherweise voll sprühender Emotion, dass „wahre Reitkunst keiner Noten bedarf“ und über Bereiterin Hannah Zeitlhofer: „Schöner als sie kann ein Mensch nicht zu Pferde sitzen.“[166] „Anfang Dezember 2022 hatte Pferdefachfrau Gabriele Pochhammer nach einem Auftritt der Hofreitschule in Neumünster die Darbietung in höchsten Tönen gelobt. Von vertrauensvoller Gelassenheit und vollendeter Losgelassenheit ist in ihrem Blog zu lesen, von perfekt sitzenden Reiter:innen, die die Hengste mit feiner Hand und unsichtbaren Hilfen durch alle Lektionen führen.“[167] Solchen Enthusiasmus eines hervorragenden Pferdemagazins anstatt von Miesmacherei kann die SRS in der Tat bestens brauchen.

Die Oberbereiter Rudolf Rostek & Herbert Seiberl. Heldenberg. Fotos: Poscharnigg.

Was alsbald einen gehässigen Kommentar hervorrief: „Selbst wenn ein paar grantelnde Pensionäre der Reitbahn den Untergang der klassischen Reitkunst wieder und wieder herbeireden (man könnte fast meinen herbeisehnen), in Neumünster war davon jedenfalls nichts zu sehen…Denn seien wir ehrlich, einige Altgediente hatten leise gehofft, manche sogar gewünscht, dass es 'in die Hose geht', die 'Spanischen' sich blamieren würden."[168]

Was, Gott sei Dank, nicht der Fall war. Allerdings kenne ich persönlich keinen der alten Oberbereiter, welcher der SRS auch nur irgendeinen Misserfolg gönnen würde. Ganz im Gegenteil! Sie alle würden sich wünschen, dass die SRS zu vorherigem Glanz zurückkehren könnte. In diesem Sinne schrieb ich im Dezember 2022 an den damals frischgebackenen SRS-Geschäftsführer Dr. Alfred Hudler:

*

Sehr geehrter Herr Dr. Hudler!

Die Wiener Philharmoniker gelten bei Publikum und Fachleuten als bestes, absolut überragendes Orchester der Welt. Die Spanische Hofreitschule galt bei Publikum und Fachleuten als beste, absolut überragende klassische Reitschule der Welt. Seit der Ära Gürtler-Klissenbauer-Klima wird solche Einschätzung von Fachleuten teils zu Recht, teils zu Unrecht stark angezweifelt.

Alle Freunde der SRS weltweit freuen sich aufrichtig, dass die SRS nun in Neumünster so überschwänglich gelobt wurde. Auch ich persönlich bin von dem, was ich auf Video sah, sehr angetan. Aus dem Kreis der pensionierten Oberbereiter aber – und das sind die absoluten Kenner - vernimmt man weniger enthusiastische Beurteilung. Ja, könnte man nun sagen, die Alten idealisieren immer die Vergangenheit, für sie war früher stets alles besser.

Sieht man sich aber vergleichsweise das Video der SRS vom Rathausplatz Wien 1993 an, so gibt es schon Unterschiede zu bemerken. Es ist, wie wenn man die Wiener Philharmoniker mit einem anderen guten Orchester vergleicht: Die Wiener Philharmoniker sind um das bisschen besser, das sie genial und unübertrefflich macht.

Und so muss auch unsere SRS wieder dieses bisschen besser werden, das sie genial und unübertrefflich machte.

Diese alten Oberbereiter bewiesen, dass sie über das Knowhow, das Gefühl für solche überragende künstlerische Sublimität verfügen. Wenn eine Direktion der SRS den Willen zu größter, überragender Weltspitzenqualität hat, sollte sie sich dieser Persönlichkeiten zu diesem Zweck bedienen und an sie herantreten.

Ob man sie wieder Erster Oberbereiter nennt oder „Leiter der Reitbahn" (das gab es auch schon) oder Konsulent, sei dahingestellt. Entscheidend ist, dass sie dem vorhandenen Personal, das durch keine leichten Jahre gegangen ist, beratend, leitend, unterstützend, lehrend helfen, zusammen mit gesunden, lebensfrohen, langlebigen Pferden die unangefochtene Weltspitze der Reitkunst zu erreichen. Diesem Ziel ist alles andere unterzuordnen.

Die Spanische Hofreitschule war stets defizitär. Zwar stiftete Kaiser Karl VI. schon im 18. Jahrhundert einen Fonds zu ihrer Erhaltung, doch der musste stets aus der Privatschatulle des Kaisers aufgestockt werden. Alle Versuche, die SRS inklusive Lipizzanergestüt Piber ausgeglichen zu bilanzieren, scheiterten und brachten teils schwere Nachteile für die künstlerische Qualität und die Gesundheit der Pferde.

So führte etwa die Maßnahme, den Bereitern einen Bonus für rasche Vorführungsreife eines Hengstes zu bezahlen, zum vorzeitigen Verschleiß von Pferden, die früher, bei klassischer Behandlung, bis ins hohe Alter (20+) optimal verwendbar waren. Die Erhöhung der Anzahl von Vorführungen zwecks Einnahmengenerierung brachte es mit sich, dass die Bereiter ihre Pferde naturgemäß möglichst und für unbedarfte Zuschauer unmerklich zu schonen begannen. Einzelne Vorführungsepisoden wurden im Vergleich zu früher gekürzt und erleichtert. Besonders Schulen über der Erde sind nicht beliebig reproduzierbar. Schließlich kann man auch die Wiener Philharmoniker nicht als Jukebox missbrauchen.

Resultat war weltweite Kritik von wissenden und unwissenden Leuten. Es gibt Stänkerer, welche die SRS aus Selbsterhöhungsgründen schlechtreden. Und dann sind da Kenner und Freunde, die sich berechtigte Sorgen um die Güte der SRS-Reitkunst machen. Wie dem auch sei: Der ehedem makellose Ruf der SRS ist angekratzt. Das darf nicht sein.

Und ebenso erwiesen sich hässliche Einbauten für Zusatz-Sitzplätze (mit schlechter Sicht) im schönsten Reitsaal der Welt nicht als das Gelbe vom Ei. Sie gehören als Kulturschande rasch demontiert. Dem Stallpersonal kommt aufgrund der naturfernen Haltung der Pferde in der Stallburg größte Bedeutung zu: Sind diese Mitarbeiter unzufrieden, überträgt sich das auf die Pferde, welche nur durch Liebe und Wissen zu Höchstleistungen motiviert werden können. Die Hengste spüren sofort, wenn es unter der Bereiterschaft dicke Luft gibt: Die innere Spannung ihrer Reiter resultiert in Verspannung der Pferde und somit schlechterer künstlerischer Qualität.

Die SRS ist kein Geschäft, keine Firma. Auch wenn das unbedarfte Politiker und Aufsichtsräte so sehen. Die SRS ist ein Kulturgut. Natürlich sind ausgeglichene Bilanzen unbestreitbar ein großer Wert an sich. Doch der Erfolg einer SRS-Direktion wird daran gemessen werden, wie hervorragend die Bereiter mit ihren Hengsten in Harmonie zeitlose Schönheit immer wieder aufleben lassen. Der Erfolg wird nicht daran gemessen werden, wie viel oder wie wenig Defizit erwirtschaftet wurde.

Die Qualität der Zuchtprodukte, die weltweit vorbildlichen Trainingsmethoden, die vorbildlich lange Einsetzbarkeit der Pferde, die sublime Qualität der Vorführungen sind die einzigen Kriterien.

Wie jeder wahrhafte Freund der Spanischen Hofreitschule wünsche ich Ihnen aufrichtig und von ganzem Herzen größten Erfolg für Ihre Direktion! Es soll nun endlich wieder aufwärts gehen!

Mit besten Grüßen,

Dr. Werner Poscharnigg

*

LETZTE GALA, NA SERVAS

Betreffend die Auslandstournee 2022 nach Neumünster und ins Vereinigte Königreich meinte einer der alten Oberbereiter über die Equipe: „Hoffentlich haben sie sich bis dahin verbessert. In diesen vorgenommenen Städten sind auch viele Pferdefachleute. Mit einer Leistung wie am Heldenberg bei der letzten Gala, na servas 🤪...Ob die Schule auf Tournee geht, ist in meinen Augen nicht die Hauptaufgabe der Spanischen Hofreitschule. Der Erhalt und die Verbesserung der Reitkunst ist das oberste Ziel der Reitschule, und da gibt es viel zu verbessern! Sonst werden wir nur ein mittelmäßiges Reitinstitut. Die Geldbeschaffung soll nie auf dem Rücken der Pferde erfolgen. Wir sollten nicht nur zu einer Touristenattraktion abrutschen".

Auf meine Frage, wie er die euphorische Beurteilung der SRS in Neumünster einschätzt, antwortete ein alter Oberbereiter:

„Es ist richtig, die Vorführungen, die ich in Heldenberg, Piber und in Wien in der Hofreitschule gesehen habe, waren sehr schwach. Umso mehr freue ich mich über die positive Nachricht aus Neumünster. Jetzt heißt es: Ärmel aufkrempeln und mit viel Freude und Fleiß an die Arbeit! Und auf keinen Fall glauben, wir sind eh so gut und können uns auf unseren Lorbeeren ausruhen. Es steht den Reitern am Ende der Tournee viel Arbeit für die nächste Zeit ins Haus...Wir müssen wieder ein starkes Team in der Reitbahn bilden, und wir brauchen einen 1. Oberbereiter, der für dieses Gelingen verantwortlich ist. Diese Vorstellung in Neumünster sollte ein Ansporn und ein Motivationsschub für alle Reiter sein. Es müssen die Hengste fachgerecht und pferdefreundlich ausgebildet werden, sodass wir die Hengste auch im hohen Alter noch in der Vorführung zeigen können. Die jungen Eleven sollten lange genug an der Longe ihren von der Hand unabhängigen Sitz erlernen. Der Sitz ist der Schlüssel für ein korrektes und sicheres Reiten. Die Schule sollte wieder zur Nr. 1 in der klassischen Reitkunst weltweit werden. Es würde mit der richtigen Beratung und dem Fleiß der Reiter möglich sein...Ich wünsche den Herren Lipizzanern und ihren Reitern viel Freude und Erfolg bei ihrer bevorstehenden Zukunft.👍👍👍Yes, we can."

DURCHGEHEN GEHT GAR NICHT

Alfons Dietz, ehemaliger Bereiter der SRS, anerkannter Trainer und Buchautor, Initiator der großen Petition *Stopp der Zerstörung des Weltkulturerbes Spanische Hofreitschule*, übte 2023 auch ganz einfache, pragmatische Basis-Kritik: „Auf der aktuellen Tournee in Basel ist einer der beiden Bereiterinnen ihr Hengst durchgegangen. Nichts gegen die beiden Damen, bitte nicht falsch verstehen, aber es kann nicht passieren, dass ein Hengst in einer Vorführung einfach durchgeht und eine Runde lang galoppiert, ohne dass man ihn halten kann. Das ist einfach nicht denkbar."[169]

Bereiterin Theresa Stefan. Am langen Zügel. Heldenberg. Foto: © Werner Poscharnigg.

LOB VOM BAROCK-PAPST

Die *Pferderevue. Das österreichische Pferdemagazin* berichtete im Mai 2023: „Die Spanische Hofreitschule musste zuletzt reichlich Kritik einstecken, unter anderem für die Qualität der Reiterei und der Pferdeausbildung…Überforderte Pferde, schlechtes reiterliches Niveau, enttäuschte Besucher:innen und ein dramatischer Werteverfall waren der Spanischen Hofreitschule, einer der letzten Bastionen der Klassischen Reitkunst, zuletzt von namhaften Kritiker:innen aus dem In- und Ausland vorgeworfen worden."[170] Vorwürfe, welche Geschäftsführer Dr. Hudler zurückwies: „Einen Qualitätsverlust an der Schule gibt es seiner Ansicht nach nicht. Im Gegenteil: Laut Oberbereiter Rudolf Rostek seien die Leistungen von Reiter:innen und Pferden aktuell besser denn je."[171]

Dieser Meinung schloss sich Richard Hinrichs an, Präsident des Bundesverbandes für klassisch-barocke Reiterei Deutschland, der früher auch bei Arthur Kottas Reitunterricht gehabt hatte: „Man sei überrascht worden 'mit vielen weit ausgebildeten Pferden sowie dezent einwirkenden Reitern und Reiterinnen, die es in dieser großen Anzahl in dieser Qualität in der Geschichte der Schule zuvor noch nicht gegeben hat.' Vergleiche mit früheren Zeiten – etwa der 400-Jahr-Feier im Jahr 1972 – braucht die derzeitige Truppe laut Hinrichs nicht zu scheuen. Das Programm sei zwar um mehrere Punkte deutlich verkürzt, das ließe jedoch 'das hohe Leistungsniveau des Instituts zur Geltung kommen'. Auch die im Galoppteil gekürzte Version der Schulquadrille will Hinrichs nicht als Niveauverlust deuten…'In reiterlicher wie in fachlicher Hinsicht fantastisch…‚gigantisch'", findet er.[172]

Oberbereiter Rudolf Rostek meint, dass man Training und Vorstellungen von früher nicht mit heute vergleichen könne: „Wir stehen täglich vor 2000 Handykameras im Mittelpunkt. Man kann nicht eine Stunde lang ein Pferd exakt im Schritt führen. Und wir reiten am Wochenende zwei Vorstellungen, natürlich kann da ein Fehler passieren."[173] Wie wahr. Und wenn wir in der Foto- und Filmkiste der letzten 100 Jahre stöbern, stoßen wir auch dort auf einige nicht so tolle Bilder der Spanischen Reitschule Wien.

STÜCKELBERGER, GRANAT & WAHL

Eine Kritikerin am derzeitigen Niveau der SRS sei hier noch erwähnt: Christine Stückelberger. Sie und ihr Wallach *Granat* errangen bei den Olympischen Sommerspielen 1976 in Montreal mit 1486 Punkten die Goldmedaille für die Schweiz. Ihre Dressurkarriere war geprägt von weiteren höchsten Erfolgen. Auf die Olympia-Teilnahme 1980 in Moskau verzichtete sie übrigens freiwillig (sehr zum Vorteil von Elisabeth Max-Theurer). Überdies fungierte Oberbereiter Georg Wahl als ihr langjähriger Trainer und Lebenspartner. 2009 unterstützte sie als Expertin wesentlich die Aufnahme der SRS in die UNESCO-Liste des immateriellen Kulturerbes. Sie darf also mit Fug und Recht als sehr kompetente Beurteilerin der SRS eingeschätzt werden. Ihr Urteil von 2023 fiel äußerst ungünstig aus:

„Der Abwärtstrend der Spanischen Reitschule in Wien geht durch die Ernennung des neuen Leiters Dr. Manfred Hudler (sic), der aus der Getränkebranche stammt und keine Ahnung hat, was die Reitkultur der Spanischen Reitschule betrifft, munter weiter. Die Dienstfreistellung von

Oberbereiter Andreas Hausberger ist ein Eklat und ein Affront…Dabei wäre gerade Oberbereiter Hausberger der Ausbilder gewesen, den die Spanische Reitschule dringend benötigt, um den ramponierten Ruf wieder herzustellen und die jahrhundertealte Tradition zu erhalten…

Der leider etwas frühe Abgang von Oberbereiter Eder und jetzt die Freistellung von Andreas Hausberger haben die 'Spanische' von innen ausgehöhlt. Zurück bleibt ein Chaos. Gefühl, Wissen und Technik gingen verloren, was nicht durch Grobheiten und Strafen der Pferde ersetzt werden kann. Die Pferde stehen unter extremer Spannung und fürchten sich vor der Strafe der Reiter/innen, was die Vorführungen in der Schule wie auch auf den Tourneen deutlich widerspiegeln…Einen unschätzbaren Wert gilt es zu bewahren".[174]

Wenn Geschäftsführer Dr. Hudler meinte, die Kritik am reiterlichen Niveau der Schule komme nur von frustriert-beleidigten Oldtimer-Oberbereitern, die aus Rache wegen ihrer Suspendierung sich negativ äußern, so trifft das auf Christine Stückelberger keinesfalls zu.

SRS in Heldenberg. Quadrille. Foto: © Werner Poscharnigg.

LEITLINIEN FÜR EINE KÜNFTIGE SRS-DIREKTION

Es ist eine Tatsache, dass unsere Spanische Hofreitschule einer Persönlichkeit bedarf, welche dieses großartige Institut gemäß seiner überragenden Bedeutung weltweit würdig und vornehm repräsentiert, entwickelt und bewahrt.

Es muss die „Geschäftsführung“ sich in vollem Bewusstsein befinden, welchen Schatz sie in den Händen hält. Ob das derzeit der Fall ist? Die SRS ist keine Firma und auch kein Geschäft. Sie ist ein Kulturinstitut, das mit Lebewesen, Menschen und Pferden, Kunst immer wieder und wieder durch Jahrhunderte zum Leben erweckt.

Daher braucht es keine „Geschäftsführung“, sondern eine Direktion zur Richtungsweisung und Repräsentation, eine geistige Leitung. Es braucht einen weisen Menschen mit Lebenserfahrung und Weitblick.

Zusätzlich braucht es einen Betriebswirtschaftler-Buchhalter, welcher der Direktion und der Bereiterschaft darstellt, was finanziell möglich ist und was nicht. Und alle Zahlen müssen vom Rechnungshof (also nicht nur SRS-intern) strengest und laufend kontrolliert werden, damit moralische und wirtschaftliche Übelstände möglichst nicht auftreten.

Die wahrhafte Leitung des künstlerischen Geschehens aber obliegt dem Ersten Oberbereiter. Er (vielleicht in Zukunft sie) sorgt dafür, dass an der SRS besser als sonstwo in der Welt geritten wird und dass dafür die geeigneten Zuchtprodukte zur Verfügung stehen. Dem Direktor steht zur Kontrolle der künstlerischen Qualität ein Beirat von nicht-aktiven Oberbereitern (derzeit Kottas, Krzisch, Riegler, Eder, Hausberger) zur Verfügung, der ihn durch seine Expertise informiert, ob die höchstmögliche künstlerische Qualität vorhanden ist. Sollte diese Qualität nicht vorhanden sein, muss der Direktor Maßnahmen setzen, die verbessernd wirken. Die Direktion kann sich zusätzlich auch die fachliche Meinung von Chefreitern der Reitkunstschulen Spaniens, Portugals und (u. U.) Frankreichs einholen. Berater aus der Sportdressur sind zu vermeiden, weil sie ein anderes Bild vom klassischen Reiten im Kopf haben, welches mit der Tradition der Spanischen Hofreitschule nur teilweise übereinstimmt.

Die SRS ist nicht dazu da, Gewinne zu lukrieren oder positiv zu bilanzieren. Sie ist seit ihrer Gründung ein Defizitgeschäft, ein kaiserliches Hobby, das aus der Privatschatulle des Herrschers bzw. des Steuerzahlers finanziert wurde und wird. Sie braucht keine sogenannte "Geschäftsführung". Ihr einziges Geschäft ist, die großartigste Reitkunst der Welt zu erzeugen.

Was seit nun 25 Jahren als "Gesellschaft öffentlichen Rechts" über die SRS herniederging, war ein schädliches Trauerspiel, sehr zum Schaden der Reitkunst. Das Geschäft stand im Vordergrund, nicht die Kunst. Der sogenannte Aufsichtsrat bewirkte bisher nichts. Die in der Bundeskanzler-Schüssel-Ära ideologisiert geschaffene "Gesellschaft öffentlichen Rechts" fügte der SRS großen Schaden zu. Die SRS muss in Zukunft ähnlich einem staatlichen Museum geführt werden, ähnlich etwa der „Albertina". Hier wird das zuständige Ministerium gefordert, für die Bereitstellung ausreichender Mittel zu sorgen.

In diesem Sinne ist das oberste Ziel als „Geschäftsführers", den Hauptdarstellern, den ReiterInnen und ihren Pferden, mit seinem Wirken zu dienen und sie zu unterstützen, Weltspitze der Reitkultur zu sein, Bewahrer des großen Erbes. Tierwohl und künstlerisches Resultat stehen über allem. Qualität geht stets vor Quantität.

Betreffend Ent-Kommerzialisierung: Die hässlichen Zusatz-Sitze in der Winterreitschule gehören wieder raschest beseitigt. Die farbigen Beleuchtungsspiele, wie man sie in beliebigen Großdiscos findet, sind zu entfernen. Fischer von Erlachs Fenster sorgen für weltweit unvergleichliches Licht im schönsten Reitsaal der Welt. Die Hengste in der Stallburg sind nicht durch Bälle und Weihnachtsmärkte zu belästigen. Finanzielle Anreize für Bereiter, Hengste möglichst schnell zur Vorführungsreife zu bringen, gehören, weil gesundheitsschädlich, abgestellt. Die Anzahl der Vorstellungen wird auf das Maß eingestellt, wie es die Pferde in bestmöglicher Güte künstlerisch bewältigen können. Auch nur der Anschein von Überlastung ist zu vermeiden, ohne dass für Ross und Reiter die Bequemlichkeit regiert. Dadurch wird es notwendig sein, die Eintrittskartenpreise für wahrhafte, alle Schulen zeigende High-End-Galavorstellungen nach und nach sehr stark zu erhöhen. Höchste künstlerische Leistung live zu erleben gibt es nicht zum Diskontpreis. Günstigere Kurzversionen oder Leichtversionen der Vorstellungen mit sparsamem Pferdeeinsatz können für breites Publikum und Tourismus entwickelt werden.

Bestes Betriebsklima in Reitbahn, Stall, Verwaltung zeitigt beste Ergebnisse. Arbeitszufriedenheit und gute Disziplin ergänzen einander. Wenn, so wie jetzt, Pferdepfleger unzufrieden mit ihrem Arbeitsalltag sind und mit Wurschtigkeit sagen, dass sie „eh in zwei Jahren in Pension gehen", so ist das ein Alarmzeichen. Denn sind die Pfleger unzufrieden, wirkt sich das auf die Pferde aus; und auch der beste Reiter der Welt kann nicht mit unglücklichen Pferden Spitzenqualität erzielen. Pferdepfleger und Stallpersonal üben in diesem Gefüge wichtige Funktionen aus.

Dem Gestüt Piber gebührt optimale Unterstützung, damit es der SRS die besten Lipizzaner der Welt geben kann.

So wie der „Geschäftsführer“ die Expertise der Oberbereiter betreffend Pferde und Reiterei würdigt, wird er das kaufmännische Fundament mit gesundem Menschenverstand als Entscheidungsgrundlage beachten und peinlichst genau kontrollieren lassen. Sein eigenes Verhalten muss diesbezüglich über jeden Tadel erhaben sein.

Was Marketing und Tourismus betrifft, erschließt sich noch bedeutendes Entwicklungspotential, auch in intensivierter Kooperation mit anderen Kulturinstitutionen für Co-Eventing.

Hervorragendes und repräsentatives Auftreten muss die Direktion der SRS mit Selbstverständlichkeit unter Beweis stellen, auch international.

Die Spanische Hofreitschule, das Gestüt Piber sowie die damit verbundene Kultur müssen glaubhaft die Leidenschaft der SRS-Direktion sein. Sie muss mit Herzblut und ganzer Kraft für das Wohl und die Zukunft der Institution erfolgreich kämpfen, damit die Einzigartigkeit dieses Juwels klassischer Reitkunst und der österreichischen Lipizzaner stets mit Glanz fortbesteht.

Die letzten zweieinhalb Jahrzehnte seit der Scheinprivatisierung der SRS waren punktuell manchmal sehr gut, und das eher nur *trotz* der diversen „Geschäftsführungen“. Man braucht sich absolut nicht am beliebten Hofreitschul-Bashing diverser Besserwisser beteiligen. Doch wenn mehrere nicht-aktive Oberbereiter sagen, dass die Qualität der Vorführungen zu wünschen übriglässt, dann ist das ein Alarmsignal. Wenn man hört, dass das Betriebsklima schlecht ist, dass es viel Personalfluktuation gibt, dann besteht dringender Handlungsbedarf.

Die Hofreitschule muss endlich aus dem negativen Gerede herauskommen, durch das sie mittels der falschen Firmenkonstruktion hineingeraten ist. Die Hofreitschule braucht eine starke, repräsentative Persönlichkeit mit Charisma und Intelligenz an ihrer Spitze und keine Showfiguren und Bonusjagd-Manager.

SRS in Heldenberg. Quadrille. Foto: © Werner Poscharnigg.

EHRGEFÜHL & WEITER INS JAHRTAUSEND REITEN

Soweit mein Bericht über die ersten 25 Jahre der Spanischen Hofreitschule im neuen Millennium. Insgesamt schon spannend, doch nur punktuell erfreulich. Ein Schnaps oder Magentee konnte bei der Lektüre nicht schaden.

Es war mir ein Bedürfnis, die Ereignisse und Machenschaften rund um diese Institution, die ich liebe, zu dokumentieren, zusammenzufassen. Dass Geschäftsführung, Aufsichtsrat, Politiker aus den himmelschreienden Fehlern dieses Vierteljahrhunderts etwas lernen werden, halte ich für unwahrscheinlich. Es wird so weitergewurschtelt werden wie bisher. Jede neue vom Politbüro bestellte Geschäftsführung wird das Management der Reitschule neu erfinden wollen und aufgrund der organisatorischen Rahmenbedingungen sowie mangelnder Kompetenz nichts Gescheites zusammenbringen. Die Immobilien-Assets der Gesellschaft werden vermutlich unter ihrem Wert an nette Amigos günstig verscherbelt werden, um das angehäufte Defizit ein wenig abzudecken.

Optimistischer meine Zukunftsperspektive für die berittene Truppe: Reiter haben Stolz und Ehrgefühl und werden die massive Qualitätskritik dauerhaft nicht auf sich sitzen lassen. Auch wenn die junge Equipe nun ohne die Beratung der alten Oberbereiter auskommen muss oder will: Sie werden daran arbeiten, dass sie früher oder später gegenüber jeglicher Beanstandung erhaben sein können. Denn sie genießen das Privileg, an einer Reitschule beschäftigt zu sein, die noch immer über globalen Ruhm verfügt. Die Konkurrenz der anderen Reitschulen schläft nicht. An der Weltspitze in puncto Reitkunst zu wirken, muss doch ein großartiges Gefühl sein, das es wert ist, erkämpft zu werden. Und, vielleicht bin ich naiv: Überall in meinem reiterlichen Umfeld nehme ich hartnäckigen weiblichen reiterlichen Ehrgeiz wahr, der sich in den kommenden Jahren auch positiv auf die Hofreitschule auswirken könnte.

Wenn die Männer und Frauen der Spanischen Hofreitschule sich die Qualität der „Gold-Standard-Gala“ von 1993 in Erinnerung rufen und mit dem langjährigen Bereiter Christian Bachinger erkennen „DA MÜSSEN WIR WIEDER HIN!“, dann wird man Licht am Horizont sehen.

Heuer, im Jahr 2025, feierte die Spanische Hofreitschule ihr 460-Jahr-Jubiläum. Wünschen wir ihr von ganzem Herzen alles Gute für die nächsten 460 Jahre! Der Ritt ins Jahr 2485 möge harmonisch und erfolgreich für Ross und Reiter verlaufen!

Werner Poscharnigg
scripsit,
Sept. MMXXV

SRS, Wien, Heldenplatz 2015. Foto: © Werner Poscharnigg.

STRAFANZEIGE, LANDESKRIMINALAMT, UNSCHULDSVERMUTUNG

Wäre unsere Spanische Hofreitschule der alte Kaiser Franz Franz-Joseph, könnte sie mit Recht seufzen: „Mir bleibt auch nichts erspart." Denn die Reitschule kam nicht aus dem negativen Gerede. Während ich mich bei der Arbeit an diesem Buch im Zielspurt befand, wurde den Journalisten für das Sommerloch 2025 ein fetter Happen zugeworfen:

„Aufgeflogen ist die Angelegenheit…durch drei Whistleblower, die sich im Landwirtschaftsministerium gemeldet hatten". Es „hat die Staatsanwaltschaft Wien nun Ermittlungen wegen des Verdachts der Untreue eingeleitet…Mit den Recherchen zu der Angelegenheit hat die Staatsanwaltschaft das Landeskriminalamt Wien beauftragt. In der Sache geht es um Spesen- und Reiseabrechnungen des Geschäftsführers der Hofreitschule, Alfred Hudler. Gegen ihn hat das Landwirtschaftsministerium…Strafanzeige eingebracht…Hudler habe private Aufwendungen mit der Kreditkarte seines Dienstgebers bezahlt. Hudler weist die Vorwürfe zurück, und für ihn gilt die Unschuldsvermutung…Inzwischen seien bei den Prüfungen durch die Interne Revision des Ministeriums 'neue Vorwürfe dazugekommen'." *Der Standard* berichtete, Hudler habe bereits „die monierten Kosten ersetzt."[175] „Laut Anzeige betrage der Schaden für die Spanische Hofreitschule mehr als 15.000 Euro."[176]

Übrigens informiert Googles KI: „Die tätige Reue bietet bei bestimmten Delikten die Möglichkeit einer Strafaufhebung, sofern der verursachte Schaden rechtzeitig, freiwillig und vollständig wiedergutgemacht wird. Dieses Instrument fördert sowohl die Wiedergutmachung des Schadens als auch die Vermeidung von Strafverfahren mit oft ungewissem Ausgang."

Was immer bei der Sache herauskommen sollte: Wieder einmal hatte die Spanische Hofreitschule eine schlechte Presse mit üblen Schlagzeilen. Nicht nur im In-, sondern auch im Ausland wurde die Angelegenheit ruchbar. So widmete etwa das italienische Magazin *Cavallo* dieser Causa einen umfassenden Artikel.[177] Wenig dienlich der vom Management angestrebten internationalen Markenstärkung. Sehr traurig. Sehr bitter. Auch wenn sich Hudlers Nicht-Freunde hämisch die Hände reiben: Für unsere Hofreitschule ist das einfach nicht gut.

Am 16.8.2025 setzte *Der Standard* unter der Schlagzeile „Gehört Fußballschauen zur Dienstreise?“ seine Berichterstattung fort, denn die Innenrevisoren des Ministeriums legten einen 18-seitigen Prüfungsbericht vor: „Das Ergebnis wirft Schatten auf Hudlers Vorgehen. Er habe seine Spesen- und Reisekostenabrechnungen ‘nicht ordnungsgemäß‘ durchgeführt…Die festgestellten Unregelmäßigkeiten seien ‘dauerhaft und systematisch‘ gewesen…Zudem habe er mitunter Ausgaben, die er mit der Firmenkreditkarte beglichen habe, noch einmal zum Barauslagenersatz eingereicht…Im Haus sei die Abrechnung von Hudlers Spesen grundsätzlich als ‘sehr schwierig‘ beschrieben worden, halten die Innenrevisoren fest.“ Hudler dazu: „Mit der Staatsanwaltschaft werde er vollumfänglich kooperieren.“[178] Für Hudler gilt die Unschuldsvermutung.

LITERATUREMPFEHLUNGEN:

Werner Poscharnigg & sein Lipizzanerhengst „Favorito“: Sei zufrieden mit wenig; belohne oft.

Werner Poscharnigg:
„MEILENSTEINE
ÖSTERREICHISCHER
REITKUNST“

Wenn Ihnen das vorliegende Buch gefällt, könnten Sie sich auch für „MEILENSTEINE ÖSTERREICHISCHER REITKUNST. Eine europäische Kulturgeschichte“ interessieren. Das Werk erlangte (gedruckt und als Hörbuch) in deutscher, englischer, französischer und spanischer Sprache internationale Wertschätzung durch hervorragende Reiter, Pferdeexperten und Journalisten mehrerer Kontinente.

Es ist ein Buch auf der Spur durch 500 Jahre zwangloser, unangestrengter Eleganz von Ross und Reiter. Und einer Ausbildung, die bei aller Künstlichkeit dem Pferd seine Natur belässt, wobei der Mensch mit dieser Natur eins wird. Teilweise unveröffentlichte oder unbekannte, schwer zugängliche Bilder (ca. 160) und Dokumente zeigen uns durch Jahrhunderte eine Kultur des denkenden Reiters mit sorgfältiger, meist geradezu liebevoller Ausbildung, die auf ein gesundes, langlebiges Pferd abzielt, das zugleich für die Hohe Schule wie den Krieg taugt.

Eine spannende Lektüre! Das Kulturgut österreichische Reitkunst ist Bestandteil des europäischen Weltkulturerbes und den meisten Pferdeleuten innerhalb und außerhalb Österreichs wenig bis gar nicht als Wert bewusst. Mit meinem Buch in vier Weltsprachen fördere ich dieses Bewusstsein. Wer sich damit befasst, kann sein Reiten verbessern und das Wohlbefinden seines Pferdes.

In deutscher Sprache gibt es „MEILENSTEINE ÖSTERREICHISCHER REITKUNST“ als Paperback bei Amazon, als Hardcover auch beim Vehling-Verlag; als Hörbuch (ungekürzt, 8 h!) online bei den wichtigsten Online-Stores wie Audible, Google Play, Thalia etc. Die bibliophile Hörbuch-MP3-CD erhält man bei mir: werner.poscharnigg@gmx.at .

In englischer Sprache: „AUSTRIAN ART OF RIDING. Five Centuries“, verlegt von Xenophon Press, USA, als Paperback und E-Book. Das Buch erhält man bei Amazon oder bei mir: werner.poscharnigg@gmx.at .

In französischer Sprache: „ART ÉQUESTRE AUTRICHIEN. Cinq siècles d'une culture européenne“, erhältlich als Paperback bei Amazon oder bei mir: werner.poscharnigg@gmx.at

In spanischer Sprache: „ARTE ECUESTRE AUSTRIACO. 500 AÑOS DE CULTURA IBERO-AUSTRIACA", erhältlich als Hardcover bei Amazon oder bei mir: werner.poscharnigg@gmx.at .

*

Die EDITION WERNER POSCHARNIGG sieht es als vornehme Aufgabe an, Werke der österreichischen Reitkultur denkenden Reitern des 21. Jahrhunderts unkompliziert zugänglich und leicht lesbar zu machen, dabei ein schön gestaltetes, bibliophiles Buch zu genießen. Solche Neuausgaben sollen als Brücke zwischen den Originaldrucken und der Zukunft kommender Jahrhunderte wirken. Wer diese Bücher kauft, liest, besitzt, wird zum lebenden Bestandteil einer kontinuierlichen historischen Reitkultur und kann - nach kritischer Prüfung auf Praxistauglichkeit – sich in seinem Umgang mit Pferden inspirieren und leiten lassen.

Dieser QR-Code führt Sie zu den Werken der EDITION WERNER POSCHARNIGG bei Amazon.de:

Werner Poscharnigg & Selim, Englisches Vollblut, in der Pesade.
Gemälde von Eva Jaeckle 2023 nach einem Foto von 2019.
Der Hengst, geboren 1999, war damals 20 Jahre alt
und erfreut sich im Jahr 2025 noch immer guter Gesundheit.

Dr. WERNER POSCHARNIGG lebt bei Graz, im Süden Österreichs, und trat mit Publikationen zum Thema Pferd hervor, die internationale Anerkennung finden. Als Philosoph, Autor, Herausgeber, Reiter und Eigner zweier Hengste verbindet er akademisches Wissen mit der Praxis.

LEOPOLD v. HEYDEBRAND: SPANISCHE HOFREITSCHULE IN DER BELLE ÉPOQUE. Praxis & Tradition. Kommentierte, zusätzlich bebilderte, umfangreich bearbeitete Neu-Ausgabe von „Der Reitkunst hohe Schule“ (1898)

Um 1890 besuchte der preußische Kavallerie-Major und Autor LEOPOLD v. HEYDEBRAND die Spanische Hofreitschule zu Wien. Deren Oberbereiter FRANZ GEBHARDT erklärte ihm bereitwillig Einzelheiten in der Ausbildung der Hengste von den Anfängen bis zur Hohen Schule, führte ihm alles auch genauestens in der Praxis vor. Resultat: Wir haben hiermit exzellente Information über das Training an der Wiener Hofreitschule in der Belle Époque. Denn Heydebrand machte es sich zur Aufgabe, „ein möglichst getreues Bild von den Leistungen an diesem Institute zu geben.“ Sonst wüssten wir aus dieser Zeit fast nichts. Während der spannenden Lektüre entdecken wir große Gemeinsamkeiten mit und dennoch auch große Unterschiede zu der Praxis an der Spanischen Hofreitschule Wien im 21. Jahrhundert. Kein anderes Buch bietet so genaue Instruktionen zu diesen Themen: Pilaren-Ausbildung; Schulen über der Erde: Pesade, Courbette; Croupade, Ballotade, Capriole; Terre-à-terre, Redopp, Mezair, Falcade etc.: Raritäten, die man heute nicht mehr sieht. Es waren „in der Wiener Hofreitschule alle Berührungen der Beine mit der Gerte unbedingt verpönt“! Und sogar das Streichen in der Capriole wurde nur mit den Sporen erzielt. Alle Interessierten sind herzlich eingeladen, diese rare Schatzkiste der Reitliteratur mit Genuss zu studieren, sei es aus kulturellem Interesse, sei es, um einige Juwelen für die eigene Reitpraxis mitzunehmen.

MAXIMILIAN Ritter v. WEYROTHER (1783-1833), Oberbereiter der Spanischen Hofreitschule Wien & der k. k. Militär-Equitationsanstalt. Er prägte viele bedeutende Reiterpersönlichkeiten, wie Seeger, Steinbrecht, Seidler, Oeynhausen, Edelsheim, Niedermaier, Gebhardt & al. durch seine Praxis und Werke: „DIE PASSENDSTE STANGEN-ZÄUMUNG“ (1814) & „BRUCHSTÜCKE AUS DEN HINTERLASSENEN SCHRIFTEN“ (1836).

Die vorliegende kommentierte, umfangreich bearbeitete, zusätzlich bebilderte Neu-Ausgabe seiner Werke in moderner Schrift erschließt uns nun wertvolle, rare, schwer zugängliche Literatur.

Es gibt nach wie vor weltweit kein Buch, das so einfach, klar, wissenschaftlich, brauchbar das Thema Kandare behandelt & auch heutigen Reitern wertvolle Information liefert. Hinzu kommen vernünftig anwendbare Instruktionen zur einhändigen Führung des Pferdes, zum Sitz, zum Reiten & Ausbilden. M. Weyrother postulierte in bester österreichischer Tradition den „denkenden Reiter“, der mit feiner, pferdefreundlicher Führung „stets ungezwungen“ bleibt. Vor allem bewies er seiner Zeit, dass die damals als überflüssig & veraltet geltende Hohe Schule natürlicher & logischer Gipfelpunkt der Pferdeausbildung ist.

Die zeitlose Weisheit M. Weyrothers bietet uns geistvolle Lektüre zum besseren Verständnis zwischen Ross & Reiter. Historische Graphiken & 50 großartige Lipizzaner-Bilder von EVA JAECKLE erhöhen die ästhetische Qualität dieser Neu-Ausgabe.

EDITION WERNER POSCHARNIGG. Gebundene Hard-Cover-Ausgabe oder Paperback. Bestellbar bei Amazon oder bei mir: werner.poscharnigg@gmx.at .

ADAM v. WEYROTHER: DER PERFEKTE REITMEISTER.
Klassisches Pferdewissen aus dem Werk von 1767.
Deutsche Erstausgabe mit vielen Graphiken von J. E. Ridinger.

Das zweite uns erhaltene Opus in der Geschichte der Reitkunst Österreichs wurde 1767 im österreichischen Brüssel auf Französisch publiziert: „L'UTILE À Tout LE MONDE OU LE PARFAIT ÉCUYER“ des kaiserlichen Oberbereiters ADAM DE WEYROTHER. Bisher fand sich niemand, der sich an die Übersetzung von Adam Weyrothers umfassendem Œuvre gewagt hätte; eine Unternehmung von großem Wert für Darstellung und Bewahrung des Kulturgutes österreichische Reitkunst.

Nun übernahm Dr. Renate Prietl - Romanistin, Lipizzaner-Reiterin – die ehrenvolle Aufgabe, Adam Weyrothers Vermächtnis betreffend Reitlehre und Reitmeisterschaft ins Deutsche zu übertragen: „DER PERFEKTE REITMEISTER“.

Dieses Buch bietet die Essenz des Reiterwissens aus dem Originaltext von 1767. Im Einklang mit einer großen Auswahl charmanter und informativer Kupferstiche von JOHANN ELIAS RIDINGER ergibt sich ein inspirierendes Lese-Abenteuer für historisch interessierte, philosophisch und kultur-orientierte Pferdeleute.

1898 wurde Franz v. Holbein, hoher Kavallerieoffizier und Pferdeexperte der Donaumonarchie, mit der Leitung der Spanischen Hofreitschule betraut. Zusammen mit dem Oberbereiter Johann Meixner verfasste er die „DIRECTIVEN“, erste und bisher letzte schriftliche Anweisung für den Dienstbetrieb an der Wiener Hofreitschule.

Aufgrund der Schwierigkeit, an diesen praxisnahen, tiefsinnigen Text heranzukommen, wurde die vorliegende Neuausgabe in moderner Schrift notwendig. Zahlreiche, teils kolorierte zeitgenössische Fotografien sowie farbige, hochwertige Illustrationen des Malers Ludwig Koch machen das Sachbuch zu einer bibliophilen Augenweide.

Ein Vorwort des Herausgebers Werner Poscharnigg stellt die „Directiven“ informativ in ihren historischen Kontext. Wie andere Werke seiner Neu-Editionen soll das klassische Reiterwissen uns heutigen Reitern und Pferden positive Impulse und Inspiration für die Praxis geben.

„Der Bereiter muss nicht allein reiten, sondern auch denken, denn nur ein denkender Reiter wird mit möglichster Schonung des Pferdes in verhältnismäßig kurzer Zeit das Ziel, welches er sich gesteckt hat, erreichen.“ Denkenden Reitern werden auch mit Bedacht „nicht bestimmte Vorschriften erteilt“.„Die k. u. k. Spanische Hofreitschule muss aber, - sich fest an die goldenen Lehren der alten Meister haltend - eine Pflanzstätte wahrer, vornehmer Reitkunst sein und bleiben!“

Giovanni Battista GALIBERTO kämpfte als bewährter Kavallerieoberst im Dreißigjährigen Krieg auf kaiserlich-katholischer Seite. Aufgrund von Differenzen aber geriet er 1634 in bayrische Festungshaft. Dort schrieb der Neapolitaner in italienischer Sprache die erste Reitlehre Österreichs für Kaiser Ferdinand III., bevor ihm die Flucht gelang. Das Buch erschien 1660 in deutscher Übersetzung. Es galt als absolute Novität am Wiener Hof und erlebte vier Auflagen, weil man begierig war, die von der *Casa de Austria* gepflegte Reitkunst zu studieren. Mit Galiberto trat kein professoraler Kunstreiter auf den Plan, sondern ein Haudegen, der Kriegshandwerk und Reitkunst bestens beherrschte. Bis ins 20. Jahrhundert verstand sich die österreichische Reitkunst stets auch als militärisch-praktisch anwendbar. 2000 Jahre nachdem der griechische Reiteroberst Xenophon „Über die Reitkunst" mit Einfühlungsvermögen und Pferdefreundlichkeit geschrieben hatte, appellierte der Reiteroberst Galiberto an denkende Reiter, ihre Pferde mit Güte und ohne Gewaltmethoden auszubilden, in einer Zeit, wo humane Vorgangsweisen alles andere als selbstverständlich waren. Damit überragte er den Durchschnitt seiner Epoche und übte Einfluss auf eine mächtige Nation aus. Außergewöhnlich auch, dass Galiberto bereits 1635 das beschrieb, was Guérinière erst 100 Jahre später „Schulter herein" nennen sollte. Somit kann der Franzose nicht der Erfinder dieser Schule sein. Das Buch der *Edition Werner Poscharnigg* „KAISERLICHE REITSCHULE Wien 1660" bietet die Essenz von Galibertos Werk betreffend Pferdekunde, Grundausbildung sowie Reitkunst in moderner Schrift. Sein Zweck ist, denkenden Reitern des 21. Jahrhunderts angenehmen Zugang zu altem Pferdewissen zu ermöglichen und dabei ein schönes Buch mit vielen großartigen Bildern zu genießen. Die Originalstiche wurden von der hervorragenden Schweizer Künstlerin EVA JAECKLE handkoloriert und bereiten uns viel Freude bei der Lektüre.

Die kaiserliche Reitschule am Wiener Hof unter Oberbereiter Johann Christoph v. Regenthal - er hatte dieses Amt von 1709 bis 1730 inne - war ein internationales Zentrum reiterlicher Kompetenz für den Adel im Reich und darüber hinaus. Neben Eisenberg bildete Regenthal einen zweiten prominenten Reitmeister heran: Johann Baptist (Jean-Baptiste) Baron v. SIND (1709-76), österreichischer Kavallerieoberst aus Mähren, Oberstallmeister des Kurfürsten von Köln, Kenner Guérinières und der französischen Reiterei seiner Zeit. Er veröffentlichte, in französischer Sprache, seine Reitlehre 1774 in Wien und Paris: „L'art du manège pris dans ses vrais principes..." („Die Reitkunst nach ihren wahren Prinzipien".)

Sind geht mit Sanftheit und Geduld vor, belohnt jeden Gehorsam, verwirft Ungerechtigkeiten und Grobheiten, setzt die Sporen seltenst ein, straft aber wahren Ungehorsam des Pferdes rigoros. „Mein unbeweglicher Sitz & meine diskrete Hand besänftigen es bald; es wird aufmerksam, sensibel & gehorsam." So erzielt er „Annehmlichkeit der Haltung & die Noblesse der Bewegung."

Gut, dass mit dieser deutschen Erstausgabe – sie wurde von Dr. Renate PRIETL übersetzt - ein weiterer hippologischer Schatz österreichischer Reitkunst gehoben werden konnte und Menschen zur Verfügung steht, denen Reiten auch ein intellektuelles, kulturelles Anliegen bedeutet. In Sinds Werken finden wir kaum Graphiken. Daher traf der Herausgeber eine Auswahl von historischem Bildmaterial der Epoche, das uns zusätzliche Klarheit und Vergnügen bei der Lektüre bietet und den Geist der Zeit Sinds widerspiegelt.

EDITION WERNER POSCHARNIGG. Gebundene Hardcover-Ausgabe. Bestellbar bei Amazon oder bei mir: werner.poscharnigg@gmx.at .

„Mit Sicherheit und Liebe“: Reitmeister einer Großmacht. Die Zeit von etwa 1648 bis 1789 gab der Reitkunst als europäische Kulturform Gelegenheit zu höchster Entfaltung. Am einflussreichsten war JOHANN CHRISTOPH v. REGENTHAL, kaiserlicher Oberbereiter 1709-30, Reitlehrer der Kaiser Joseph I., Karl VI. und Franz I. Stephan, Ausbilder der Reitmeister Sind und Eisenberg, die seine Methoden und seinen Ruhm in Europa verbreiteten. Von Regenthal existiert ein erst 1996 wieder aufgetauchtes Manuskript, welches Einblicke in das profunde, durch lebenslange Erfahrung erworbene Wissen dieses Monuments österreichischer Reitkunst bietet.

Die EDITION WERNER POSCHARNIGG ordnete die etwas verwirrten Blätter dieser Handschrift stimmig und übersetzte sie in angenehm lesbares Deutsch des 21. Jahrhunderts. Viele wunderschöne historische Bilder steigern dabei den Literaturgenuss.

In diesem „COMPENDIUM DER REITKUNST“ verlangt Regenthal vom denkenden Reiter Eleganz, Konzentration, praxisgerechte, pferdefreundliche Methoden, lehnt jede Brutalität und Ungeduld ab, ebenso wichtigtuerisches Theoretisieren, verachtet Schlaufzügel und scharfe Gebisse. Der Reitmeister muss seinen Schüler „mit Sicherheit und Liebe“ informieren. Das Pferd soll sich vom völlig still sitzenden Reiter allein durch dessen Gedanken lenken lassen. Unter Regen-thals Leitung und dem lebhaften Interesse des Kaisers war die Wiener Reitschule eine international bewunderte Ausbildungsstätte für den Adel Europas.

EDITION WERNER POSCHARNIGG. Gebundene Hardcover-Ausgabe. Bestellbar bei Amazon oder bei mir: werner.poscharnigg@gmx.at

Friedrich Wilhelm Baron Reis v. EISENBERG (1700-70) aus Sachsen-Weimar, studierte bei Regenthal am Kaiserhof in Wien und wirkte als Oberbereiter an den Höfen von Neapel und der Toskana. 1727 publizierte Eisenberg in London „Description du manège moderne dans sa perfection". Jede Schule in diesem absolut lesenswerten, feinen Reitbuch wird meist einmal mit Kappzaum, dann mit Kandare beschrieben. Je später Pferde angeritten werden – frühestens mit vier Jahren –, desto länger und besser halten sie. Eisenberg rät zu sanfter Klugheit besonders bei feurigen Tieren, denen auch nicht zu viel Training zugemutet werden soll, um sie nicht unwillig zu machen. Alle Hilfen müssen, wenn das Pferd darauf reagiert, sofort abgesetzt werden, damit das Ziel, ein möglichst bewegungslos im Sattel sitzender Reiter auf einem feinfühligen Ross, erreicht wird. Eisenberg beschreibt übrigens die Schule „Schulter herein", bevor Guérinière sie 1733 erwähnte.

Die EDITION WERNER POSCHARNIGG sieht es als vornehme Aufgabe an, Werke der österreichischen Reitkultur denkenden Pferdeleuten des 21. Jahrhunderts unkompliziert zugänglich und leicht lesbar zu machen, dabei ein edel gestaltetes, bibliophiles Buch zu genießen und sich im Umgang mit Pferden inspirieren und leiten zu lassen. Eben wie dieses Eisenberg-Buch. Dr. RENATE PRIETL, Lipizzaner-Eignerin, Reiterin, Romanistin, übersetzte das französische Original ins Deutsch des 21. Jahrhunderts. Die deutsch-schweizerische Künstlerin und Reiterin EVA JAECKLE kolorierte mit ihren Aquarellfarben wunderschön Picarts Kupferstiche.

ENDNOTEN:

[1] Eröffnung: https://fb.watch/jx67bWmFv8/

Pas de deux: https://fb.watch/jx63_kNvUE/

Arbeit an der Hand: https://fb.watch/jx60jZDjq4/

Am langen Zügel: https://fb.watch/jx5YcXRkbp/

Schulen über der Erde: https://fb.watch/jx5RWndR0N/

Alle Gänge & Touren der Hohen Schule: https://fb.watch/jx5NQHzLmS/

Schulquadrille: https://fb.watch/jx5IZXeXfG/

(Für das Funktionieren dieser Links kann nicht garantiert werden. Ich bitte um Verständnis.)

[2] Google.
[3] https://www.derstandard.at/story/447164/empoerung-ueber-zirkusplaene
[4] Bundesministerium für Finanzen: Ausgliederungen und Beteiligungen des Bundes. Bericht gemäß § 42 Abs.
5 BHG 2013. Oktober 2012
[5] Ebda.
[6] https://noe-landtag.gv.at/fileadmin/gegenstaende/16/10/1087/1087B.pdf, S. 5.
[7] https://www.parlament.gv.at/dokument/XXIII/J/4470/fnameorig_111435.html
[8] Vgl. www.pferderevue.at/magazin/freizeit/2010/12/krise_als_chance.html
[9] Ebda.
[10] Ebda.
[11] https://www.parlament.gv.at/dokument/XXIII/AB/3215/fnameorig_103481.html
[12] Vgl. https://www.derstandard.at/story/3000000252706/staatsoper-betont-gegenueber-kommender-regierung-ihre-wirtschaftlichkeit
[13] https://www.rechnungshof.gv.at/rh/home/home/Spanische_Hofreitschule.pdf, S. 10.
[14] Ebda.
[15] https://www.derstandard.at/story/447164/empoerung-ueber-zirkusplaene
[16] Ebda.
[17] Ebda.
[18] Vgl. ebda.
[19] Tradition beibehalten. Interview mit Herbert Seiberl von Werner Poscharnigg. In: Feine Hilfen 50, S. 33.
[20] https://www.derstandard.at/story/447164/empoerung-ueber-zirkusplaene
[21] https://www.derstandard.at/story/490137/dr-werner-pohl--der-neue-boss-der-spanischen-hofreitschule
[22] Abberufung von Dr. Werner Pohl - Gesellschaft Freunde der Spanischen Hofreitschule
[23] Vgl. https://noe-landtag.gv.at/fileadmin/gegenstaende/16/10/1087/1087B.pd
[24] https://www.pferderevue.at/magazin/freizeit/2010/12/krise_als_chance.html
[25] https://www.tagblatt-wienerzeitung.at/nachrichten/chronik/wien-chronik/88847-Privilegienritter-in-der-Hofreitschule.html
[26] https://www.meinbezirk.at/hietzing/c-lokales/hof-mit-stallungen-der-hermesvilla_a1448268
[27] Wikipedia.
[28] Vgl. https://www.wien.gv.at/umweltschutz/naturschutz/pdf/lainzer.pdf.
[29] Vgl. https://www.parlament.gv.at/dokument/XXIV/J/15456/fname_314075.pdf%20Zingl-Anfrage%202013.
[30] www.parlament.gv.at/dokument/XXIII/AB/fnameorig_116458.html
[31] Vgl. ebda.
[32] Ebda.

[33] https://presse.wien.gv.at/2002/08/06/wiener-gruene-warnen-vor-bautaetigkeit-im-weltkulturerbe-schoenbrunn.
[34] Ebda.
[35] Neue Doku „Der talentierte Herr Chorherr – Außer Spesen nichts gewesen?“ am 31. Mai um 21.05 Uhr in ORF 1.
[36] https://noe-landtag.gv.at/fileadmin/gegenstaende/16/10/1087/1087B.pdf, S. 7.
[37] Vgl. ebda.
[38] Ebda, S. 8.
[39] Ebda.
[40] Ebda, S. 9.
[41] Ebda.
[42] Ebda.
[43] Ebda.
[44] Werner Poscharnigg: Reitkultur als Spielball der Politik. In: Feine Hilfen 50, S. 17.
[45] https://www.noe.gv.at/noe/49769_1-Dezember-2005-14-31-aeSilbernes-Komturkreuz-mit-Ste.html.
[46] https://www.pferderevue.at/magazin/freizeit/2010/12/krise_als_chance.html.
[47] https://ris.bka.gv.at/NormDokument.wxe?Abfrage=Bundesnormen&Gesetzesnummer=20001003&Fassung-Vom=2023-12-31&Artikel=&Paragraf=2&Anlage=&Uebergangsrecht=.
[48] https://steckenpferd.antville.org/stories/1212442/.
[49] https://www.derstandard.at/story/2173048/spanische-hofreitschule-direktor-pohl-bereits-beurlaubt.
[50] https://www.parlament.gv.at/dokument/XXIII/J/4470/fnameorig_111435.html.
[51] https://www.oeps.at/de/aktuelles/praesidentin-max-theurer-auch-in-der-spanischen-hofreitschule.
[52] Vgl. https://de.wikipedia.org/wiki/Olympische_Sommerspiele_1980/Reiten#cite_note-DressurErg-8.
[53] Ebda.
[54] https://www.ots.at/presseaussendung/OTS_20070225_OTS0009/trend-sanierung-bei-der-hofreitschule.
[55] https://www.kleinezeitung.at/steiermark/weststeier/4483058/Armin-Aigner-ueber-seine-Zeit-als-Hofreitschul-Chef.
[56] Vgl. https://wiev1.orf.at/stories/227308.
[57] Ebda.
[58] https://www.pferderevue.at/magazin/freizeit/2010/12/krise_als_chance.html.
[59] https://www.tagblatt-wienerzeitung.at/nachrichten/chronik/wien-chronik/88847-Privilegienritter-in-der-Hof-reitschule.html.
[60] Ebda.
[61] https://wiev1.orf.at/stories/248716.
[62] https://www.pferderevue.at/magazin/freizeit/2010/12/krise_als_chance.html.
[63] Ebda.
[64] https://www.tagblatt-wienerzeitung.at/nachrichten/chronik/wien-chronik/88847-Privilegienritter-in-der-Hof-reitschule.html.
[65] https://wiev1.orf.at/stories/304975
[66] https://www.furche.at/meinung/federspiel/pegasus-im-sinkflug-7741283.
[67] https://www.propferd.at/main.asp?VID=1&kat1=87&kat2=644&NID=6890.
[68] https://wien.orf.at/v2/news/stories/2570644/.
[69] https://www.rechnungshof.gv.at/#.
[70] https://www.diepresse.com/470677/wiens-lipizzaner-in-weltgroesster-fuehranlage.
[71] https://www.heute.at/s/elisabeth-gurtler-chefin-der-spanischen-hoftreitschule-tritt-zuruck-46752878.
[72] https://www.krone.at/1784336.
[73] https://www.pferderevue.at/magazin/freizeit/2010/12/krise_als_chance.html.
[74] https://www.youtube.com/watch?v=mBCkMqC5V_8.
[75] https://www.propf-erd.at/main.asp?VID=1&kat1=87&kat2=644&NID=2755#:~:text=M%C3%A4rz%202006%20wurde%20Krzisch%20offiziell,dem%20Vorwand%20arbeitsrechtlicher%20sowie%20disziplin%C3%A4rer.
[76] https://www.ris.bka.gv.at/Doku-mente/Vwgh/JWT_2013120093_20140320X00/JWT_2013120093_20140320X00.html.
[77] Ebda.
[78] Ebda.
[79] Ebda.
[80] Ebda.
[81] Ebda.

[82] Ebda.
[83] Ebda.
[84] Ebda.
[85] Ebda.
[86] https://www.propferd.at/main.asp?VID=1&kat1=87&kat2=644&NID=2755.
[87] https://www.ris.bka.gv.at/Dokumente/Vwgh/JWT_2013120093_20140320X00/JWT_2013120093_20140320X00.html.
[88] https://www.st-georg.de/news/pferde-und-leute/johann-riegler-zur-causa-hausberger-spanische-hofreitschule-dilemma-hat-vor-15-jahren-begonnen/.
[89] https://steckenpferd.antville.org/stories/1511082/.
[90] https://www.noe.gv.at/noe/102063_Lipizzaner.html.
[91] https://steckenpferd.antville.org/stories/1511082/.
[92] https://www.tt.com/.
[93] https://wiev1.orf.at/stories/394966.
[94] Ebda.
[95] Vgl. https://www.imdb.com/de/title/tt1757623/.
[96] https://www.pferderevue.at/aktuelles/sonstiges/2011/09/selbstmord_in_derspanischenhofreitschule.html.
[97] https://www.heute.at/s/freundin-des-reiters-uber-die-hintergrunde-22454571.
[98] www.tt.com.
[99] https://www.ots.at/presseaussendung/OTS_20100127_OTS0215/offener-brief-an-herrn-bundesminister-di-niki-berlakovich-spanische-hofreitschulebundesgestuet-piber.
[100] https://www.ots.at/presseaussendung/OTS_20110712_OTS0176/sinkt-die-spanische-hofreitschule-auf-volks-schulniveau.
[101] Werner Poscharnigg: Interview mit Herbert Seiberl. In: Feine Hilfen 50, S. 32f.
[102] Vgl. https://austria-forum.org/af/AustriaWiki/Sonja_Klima.
[103] https://www.kleinezeitung.at/politik/innenpolitik/5564391/Spanische-Hofreitschule_Uebelster-Besetzungsschacher_Beirat-tritt .
[104] Vgl. https://www.oeps.at/de/aktuelles/beirat-der-spanischen-hofreitschule-tritt-zurueck.
[105] https://www.derstandard.at/consent/tcf/story/3000000224352/typisch-raiffeisen-putin-und-selbstherrliche-goetter-in-der-hofreitschule.
[106] https://www.kleinezeitung.at/politik/innenpolitik/5564391/Spanische-Hofreitschule_Uebelster-Besetzungsschacher_Beirat-tritt.
[107] https://www.diepresse.com/5564792/totalschaden-in-der-hofreitschule.
[108] https://www.diepresse.com/5627866/richtungswechsel-in-der-spanischen-hofreitschule.
[109] Vgl. https://www.hippoevent.at/magazin/140-magazin/reportagen/3172-spanische-hofreitschule-wien-geloeschte-generation.
[110] Ebda.
[111] Ebda.
[112] https://www.diepresse.com/5627866/richtungswechsel-in-der-spanischen-hofreitschule.
[113] Vgl. ebda.
[114] Werner Poscharnigg: Interview mit Herbert Seiberl. In: Feine Hilfen 50, S. 32.
[115] https://www.diepresse.com/5627866/richtungswechsel-in-der-spanischen-hofreitschule.
[116] https://www.derstandard.at/consent/tcf/story/2000119796668/der-absolute-hammer-habsburg-und-hofreitschule-kurz-und-gelse-im .
[117] https://www.diepresse.com/5627866/richtungswechsel-in-der-spanischen-hofreitschule .
[118] Ebda.
[119] https://www.heute.at/s/lipizzaner-ziehen-in-den-burggarten-um-100151417 .
[120] https://www.sueddeutsche.de/panorama/spanische-hofreitschule-lipizzaner-skandal-maestoso-fantasca-1.5519630 .
[121] Ebda.
[122] Ebda.
[123] Ebda.
[124] Ebda.
[125] Ebda.
[126] Ebda.
[127] Vgl. ebda.

[128] Vgl. https://www.ots.at/presseaussendung/OTS_20220106_OTS0006/koestinger-nehme-den-rueckzug-von-johann-marihart-zur-kenntnis .
[129] https://kurier.at/wirtschaft/nach-skandal-spanische-hofreitschule-kauft-marihart-hengst-zurueck/402250944.
[130] https://kurier.at/chronik/oesterreich/spanische-hofreitschule-bekommt-neuen-aufsichtsratschef-martin-winkler-marihart/401960384 .
[131] Vgl. Chatgpt.
[132] Vgl. https://www.derstandard.at/story/1350260441831/oesterreichs-einflussreichste-manager .
[133] https://www.sueddeutsche.de/panorama/spanische-hofreitschule-lipizzaner-skandal-maestoso-fantasca-1.5519630 .
[134] https://www.propferd.at/main.asp?VID=1&kat1=87&kat2=644&NID=8017&DDate=21072022&scsqs=1.
[135] Ebda.
[136] Ebda.
[137] https://kurier.at/wirtschaft/top-manager-wird-neuer-chef-der-spanischen-hofreitschule/402170718 .
[138] https://www.propferd.at/main.asp?VID=1&kat1=87&kat2=644&NID=9486&DDate=16062019 .
[139] Ebda.
[140] Petra Gmainer-Wiedemann: Der Letzte löscht den Luster. In: Pferderevue 4, 2023.
[141] https://www.leadersnet.at/news/85870,pr-international-startet-mit-neuen-namhaften-kunden-ins-jahr.html.
[142] OTS-ORIGINALTEXT PRESSEAUSSENDUNG UNTER AUSSCHLIESSLICHER INHALTLICHER VERANTWORTUNG DES AUSSENDERS - WWW.OTS.AT | NEF
[143] https://www.meinbezirk.at/wien/c-wirtschaft/darum-reiten-lipizzaner-nicht-bei-der-global-champions-tour_a6900193 .
[144] https://www.trend.at/unternehmen/finanzielle-kapriolen .
[145] https://www.change.org/p/stopp-der-zerst%C3%B6rung-des-weltkulturerbes-spanische-hofreitschule .
[146] https://www.meinbezirk.at/wien/c-wirtschaft/spanische-stellt-bereiter-nach-35-jahren-dienst-frei_a6874378?utm_source=browser&utm_medium=push-notification&utm_campaign=cleverpush-1725373849&fbclid=IwY2xjawFEAnVleHRuA2FlbQIxMAABHWNP5vhotFkGPQ7lU8RGVmTC6h-Rl849D9PtnOgS8swLIhCfnDLrZezCJg_aem_0H8lyLhcm0olQT27P-3dLg .
[147] Ebda.
[148] https://www.meinbezirk.at/wien/c-wirtschaft/reiterin-klagt-hofreitschule-wegen-diskriminie-rung_a6887740?sfnsn=wa - .
[149] Googles KI, 3.7.2025.
[150] https://www.srs.at/ .
[151] https://www.trend.at/unternehmen/finanzielle-kapriolen .
[152] Ebda.
[153] Ebda.
[154] https://www.pferderevue.at/aktuelles/sonstiges/2023/09/marcus-nowotny-zum-oberbereiter-ernannt.html.
[155] https://www.srs.at/de/unternehmen/presse/marcus-nowotny-zum-3-oberbereiter .
[156] Ebda.
[157] Eva Schweiger: Die „Spanische" will zugänglicher werden. In: Pferderevue 4, 2025, S. 8.
[158] https://kurier.at/chronik/oesterreich/tierleid-in-der-spanischen-hofreitschule-ex-oberbereiter-erhebt-schwere-vorwuerfe/402171078 .
[159] Googles KI 25.7.2025.
[160] https://www.heute.at/s/tierqualer-vorwurfe-gegen-spanische-hofreitschule-24469717 .
[161] Vgl. ebda.
[162] https://kurier.at/chronik/wien/guertler-rauswurf-bei-rollkur/83.811.157 .
[163] Werner Poscharnigg: Tradition beibehalten. Interview mit Herbert Seiberl. In: Feine Hilfen 50, S. 32.
[164] https://www.propferd.at/main.asp?VID=1&kat1=87&kat2=644&GenLi-Page=20&DDate=27072015&NID=2755 .
[165] https://www.sn.at/panorama/oesterreich/spanische-hofreitschule-dressurrichter-fuer-die-lipizzaner-137848345
[166] https://www.horsefolkmagazin.com/unter-pferden-und-menschen/ .
[167] https://www.pferderevue.at/aktuelles/sonstiges/2023/05/bestnoten-fuer-spanische-hofreitschule-von-richard-hinrichs-.html .
[168] https://www.horsefolkmagazin.com/unter-pferden-und-menschen/ .
[169] https://www.pferderevue.at/aktuelles/sonstiges/2023/03/spanische-hofreitschule---die-uhr-tickt-.html .
[170] https://www.pferderevue.at/aktuelles/sonstiges/2023/05/bestnoten-fuer-spanische-hofreitschule-von-richard-hinrichs-.html .
[171] Ebda.

[172] Ebda.
[173] https://www.sn.at/panorama/oesterreich/spanische-hofreitschule-dressurrichter-fuer-die-lipizzaner-137848345
[174] https://www.hippoevent.at/magazin/140-magazin/reportagen/3192-spanische-hofreitschule-ein-kommentar-von-dressur-olympiasiegerin-christine-stueckelberger .
[175] https://www.derstandard.at/story/3000000282639/causa-hofreitschule-staatsanwaltschaft-ermittelt-wegen-untreueverdachts?ref=rss .
[176] https://www.derstandard.at/story/3000000281341/landwirtschaftsministerium-erstattete-anzeige-gegen-chef-der-spanischen-hofreitschule .
[177] https://www.cavallomagazine.it/apertura/scuola-spagnola-di-equitazione-bufera-ai-piani-alti?fbclid=IwY2xjawMMjDlleHRuA2FlbQIxMQBicmlkETFFc0JacTB4WVFSQnNi-VjVQAR4MmQzJ6bq5GqxBdY8pyszxTZMmy-aFXozP7e098S7mwXYf4S9mKZyF2r099Kw_aem_8d83I8MJZNHCrKnevKR-Og .
[178] https://www.derstandard.at/story/3000000283609/gehoert-fussballschauen-zur-dienstreise-pruefer-machen-chef-der-hofreitschule-schwere-vorwuerfe .

Printed in Poland
by Amazon Fulfillment
Poland Sp. z o.o., Wrocław
21 August 2025

b13a6812-7d27-43d4-912a-ef764f9ab5d2R01